Irina Fix

Markenrelevanz im Industriegütersektor

Empirische Analyse der Maschinenbaubranche

Diplomica Verlag GmbH

Fix, Irina: Markenrelevanz im Industriegütersektor: Empirische Analyse der
Maschinenbaubranche. Hamburg, Diplomica Verlag GmbH 2013

Buch-ISBN: 978-3-8428-6396-5
PDF-eBook-ISBN: 978-3-8428-1396-0
Druck/Herstellung: Diplomica® Verlag GmbH, Hamburg, 2013

Bibliografische Information der Deutschen Nationalbibliothek:
Die Deutsche Nationalbibliothek verzeichnet diese Publikation in der Deutschen
Nationalbibliografie; detaillierte bibliografische Daten sind im Internet über
http://dnb.d-nb.de abrufbar.

Inhaltsverzeichnis

II

Abbildungsverzeichnis

Tabellenverzeichnis

Abkürzungsverzeichnis

Abb.	Abbildung
BC	Buying Center
BoB	Best of Business-to-Business
B2B	Business-to-Business
bspw.	beispielsweise
bzgl.	bezüglich
bzw.	beziehungsweise
ca.	circa
d.h.	das heißt
DMU	Decision Making Unit
E-Mail	Electronic Mail
et al.	et altera/et alii
f.	folgende [Seite]
ggf.	gegebenenfalls
GmbH	Gesellschaft mit beschränkter Haftung
H.	Heft
Hrsg.	Herausgeber
Jg.	Jahrgang
Kap.	Kapitel
KMO	Kaiser-Meyer-Olkin
MCM	Marketing Centrum Münster
MR_Y	Markenrelevanz
MR_A	Markenrelevanz aus Anbietersicht
MR_N	Markenrelevanz aus Nachfragersicht
Mrd.	Milliarde(n)
Nr.	Nummer
OEM	Original Equipment Manufacturer
o. V.	ohne Verfasser
S.	Seite
SOR	Stimuli Organismus Response
SPSS	Statistical Product and Service Solution

Tab.	Tabelle
Tsd.	Tausend
u.a.	und andere, unter anderem
v.a	vor allem
VDMA	Verband Deutscher Maschinen- und Anlagenbau
vs.	versus
z.B.	zum Beispiel

1 Einleitung

1.1 Relevanz des Themas

Jahrzehntelang trugen deutsche Industriegüterhersteller durch die technologische Überlegenheit ihrer Produkte auf dem Weltmarkt zum wirtschaftlichen Wohlstand der Bundesrepublik entscheidend bei. Dies ist vielfach auch heute noch der Fall. Allerdings vermögen die Erfolgsfaktoren vergangener Jahre den Unternehmenserfolg von morgen nicht mehr ohne Einschränkung zu garantieren (vgl. hier und im Folgenden Fritz 1994, S. 49).

Der deutsche Industriegütersektor steht gegenwärtig vor neuen Herausforderungen, die das Markthandeln erheblich erschweren. Diese sind vor allem in der informationstechnischen Revolution und einer zunehmenden Globalisierung der Geschäftsaktivitäten zu sehen (vgl. Weiber et al. 1998, S. 202). So wird der Wettbewerb infolge der Liberalisierungstendenzen des Welthandels und der Industrialisierung von ehemaligen Entwicklungsländern (z.B. die Länder Süd-Ost Asiens) immer intensiver (vgl. Kohlert 2003, S. 1; Kemper 2000, S. 120; Schmidt 2001, S. 57). Dies führt zu einem Anstieg der weltweiten Produktivität, die ein umfangreicheres Angebot an industriellen Leistungen wie bspw. technischen Bauteilen, Maschinen bis zu Großanlagen zur Folge hat.

Diese Entwicklungen zwingen die Industriegüteranbieter immer mehr dazu, die Leistungsdimensionen und Qualitätsstandards den Kundenerfordernissen und dem üblichen Marktniveau anzupassen (vgl. Kalla 1993, S. 162). Die Konsequenzen sind: Informationsüberflutung der Kunden, Unübersichtlichkeit der Märkte, steigender Preisdruck sowie eine zunehmende Homogenisierung von Produkten und Leistungen (vgl. Backhaus et al. 2002, S. 12; Belz/Kopp 1994, S. 1581). Die Folgen betreffen jedoch nicht nur die Hersteller, sondern verändern auch den industriellen Kaufprozess und erhöhen die Anforderungen an die Einkäufer, die immer komplexere Informationen verarbeiten müssen und somit eine höhere Unsicherheit empfinden (vgl. Homburg/Krohmer 2003, S. 892). Hinzu kommt der rasante technische Fortschritt, der die Produktlebenszyklen verkürzt und damit die Unsicherheit industrieller Kunden im Hinblick auf die Kaufentscheidung erheblich vergrößert (vgl. Schneider 2002, S. 275f.).

Die Marke und die Markenpolitik stellen hierbei eine mögliche Lösung dar, indem sie die Marktleistung eines Industriegüteranbieters unverwechselbar machen und sie aus der Menge der Angebote für ihre Zielgruppe positiv herausheben. Damit sollen Unsicherheiten der Kunden hinsichtlich der Leistungsfähigkeit der Hersteller oder der Leistungsqualität ihrer Marktleistungen abgebaut, Vertrauen aufgebaut und die Entscheidung der Kunden erleichtert werden (vgl. Schneider 2002, S. 275f.).

Dennoch wird heute das Markenmanagement in dem Industriegüterbereich noch vielfach vernachlässigt. Da Marketing oft als „Stiefkind" in diesem Wirtschaftszweig gilt, resultiert für die Markenpolitik als Teil des absatzpolitischen Instrumentariums zwangläufig dasselbe (vgl. Winterling 1993, S. 85). Systematische Markenpolitik für Werkzeugmaschinen, Anlagen etc. ist bisher eher unüblich (vgl. Hundsdörfer 2002, S. 23; Pförtsch/Schmid 2005, S. 463). Während einige Namen wie Bosch, Intel oder Siemens allgemein bekannt sind, haben nur wenige Menschen etwas von Roland (Druckmaschinen), KSB (Pumpen) oder Müller-Weingarten (Pressen) gehört. Der Zielgruppe sind die Hersteller zwar bekannt, einen strategischen Wettbewerbsvorteil haben diese aber dadurch noch lange nicht erreicht (vgl. Winterling 1993, S. 84; Ginter/Dambacher 2002, S. 54).

Vielfach herrscht noch in der Investitionsgüterindustrie die Meinung vor, dass Markenmanagement ausschließlich ein Thema aus dem und für den Konsumgüterbereich ist (vgl. Behlke 2002, S. 22). Diese untergeordnete Bedeutung von Industriegütermarken wird mit der noch einseitigen Technologieorientierung vieler Anbieter begründet (vgl. Wiedmann/Schmidt 1997, S. 36; Kemper 2000, S. 1; Homburg/Schneider 2001, S. 605). Die Hersteller gehen davon aus, dass ihre objektiv-technischen Leistungsvorteile die gewerblichen Abnehmer bereits ausreichend überzeugen (vgl. Kemper/Bacher 2004, S. 34).

Vernachlässigt wurde das Thema aber auch seitens der Wissenschaft. So liegt das Hauptgewicht markenbezogener Forschungsarbeiten hauptsächlich auf Produkten des Konsumgüterbereichs (vgl. Webster/Keller 2004, S. 388). Ursächlich für die mangelhafte wissenschaftliche Auseinandersetzung mit Industriegütermarken sind vor allem zwei Gründe. Zum einen wurde dem Industriegütermarketing in der betriebswirtschaftlichen Absatzlehre wesentlich später Beachtung geschenkt als dem Konsumgütermarketing (vgl. Köhler 1994, S. 2063). Zum anderen ist die Relevanz von Industriegütermarken generell umstritten, da dem Industriegütermarketing im Vergleich zum Konsumgütermarketing eine höhere Rationalität bei der Abwägung von Kosten und Nutzen des Angebots unterstellt wird (vgl. Voeth/Rabe 2004, S. 87; Rozin 2004, S. 344).

Als Ausgangspunkt der vorliegenden Untersuchung lässt sich festhalten, dass die Industriegütermarke und speziell deren Management in der Unternehmenspraxis vor dem Hintergrund aktueller Herausforderungen eine hochgradig relevante Thematik darstellt, deren wissenschaftliche Durchdringung aber gravierende konzeptionelle und empirische Forschungslücken aufweist.

1.2 Zielsetzung und Abgrenzung der Studie

Zielsetzung dieser Studie ist es, einen Beitrag zur Aufhellung der im vorigen Abschnitt aufgezeigten Problembereiche zu leisten sowie angesprochene Forschungslücken zu schließen. Dieses Ziel soll im Wesentlichen durch Beantwortung zwei zentraler Fragestellungen erreicht werden. In erster Linie geht es um die Klärung der Frage nach der grundlegenden Relevanz der Markenkonzeption in einem eingegrenzten Industriebereich – dem Maschinenbau in Deutschland. Da das Produktsortiment im Maschinenbau sehr heterogen ist, ist davon auszugehen, dass der Marke nicht in allen branchenspezifischen Produktsegmenten die gleiche Bedeutung zukommt (vgl. Jaßmeier 1999, S. 11; Richter 2007, S. 6). Die zweite Frage beschäftigt sich daher mit der Identifikation und empirischen Überprüfung von Faktoren, die die Höhe der Markenrelevanz beeinflussen und damit der Identifizierung von Industriegütern mit hohem Markenbildungspotenzial dienen sollen. Die zwei Forschungsfragen bilden die wesentlichen Ansatzpunkte zur anschließenden Ableitung der Gestaltungsempfehlungen zum Aufbau bzw. zur Optimierung des Markenmanagements in der Maschinenbaubranche. Im Zentrum dieser Untersuchung stehen somit folgende Fragestellungen:

1. *Sind Industriegütermarken im deutschen Maschinenbau grundsätzlich relevant?*
2. *Von welchen situativen Faktoren wird die Markenrelevanz beeinflusst und welche Implikationen ergeben sich daraus für das strategische Markenmanagement?*

1.3 Vorgehensweise und Aufbau der Studie

Der Aufbau der vorliegenden Untersuchung orientiert sich an den formulierten Forschungsfragen und umfasst insgesamt sechs Kapitel:

Im Anschluss an das einleitende Kapitel beschäftigt sich das zweite Kapitel mit den Grundlagen der Studie. Das Fundament der vorliegenden Untersuchung bilden hierbei Darstellung des Industriegütermarketings und Markenwesens im Kontext industrieller Produkte sowie Charakterisierung der Maschinenbaubranche.

Ausgehend von der Bestandsaufnahme relevanter Forschungsbeiträge ist Gegenstand des dritten Kapitels die Entwicklung des konzeptionellen Modells. Darauf aufbauend erfolgen eine sukzessive Vorstellung einzelner Modellkonstrukte sowie die Formulierung von Hypothesen über deren Wirkungszusammenhänge.

Gegenstand des vierten Kapitels ist die empirische Überprüfung der in Kapitel 3 entwickelten Hypothesen sowie die Darstellung und Interpretation der zentralen Ergebnisse der quantitativen Studie.

Die Ableitung von markenpolitischen Gestaltungsempfehlungen erfolgt in Kapitel 5. Es werden Maßnahmen gezeigt, die die Unternehmenspraxis ergreifen sollte, um die Ausgestaltung ihres strategischen Markenmanagements zielgerichtet zu optimieren.

Abschließend werden in Kapitel 6 zum einen die Kernergebnisse der Studie zusammengefasst und zum anderen wissenschaftliche Restriktionen als Ansatzpunkte für die zukünftige Forschung diskutiert. Abb.1 gibt einen komprimierten Überblick über den Aufbau der Untersuchung wieder.

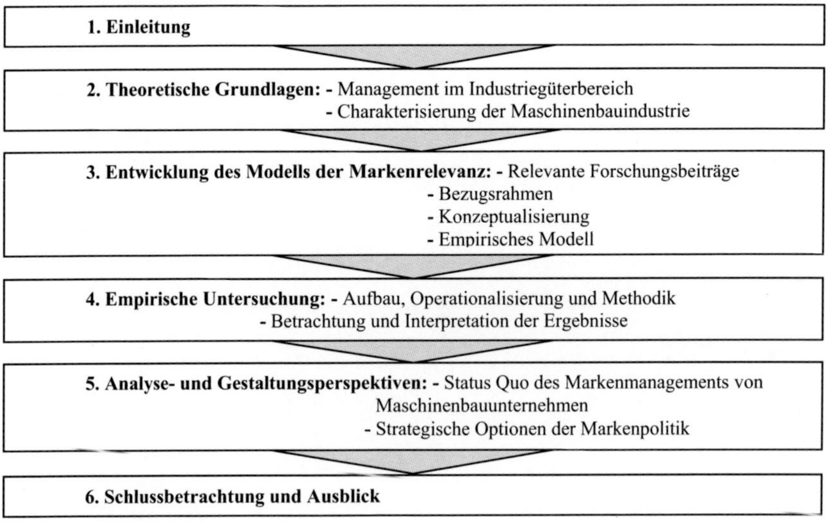

1. Einleitung

2. Theoretische Grundlagen: - Management im Industriegüterbereich - Charakterisierung der Maschinenbauindustrie

3. Entwicklung des Modells der Markenrelevanz: - Relevante Forschungsbeiträge - Bezugsrahmen - Konzeptualisierung - Empirisches Modell

4. Empirische Untersuchung: - Aufbau, Operationalisierung und Methodik - Betrachtung und Interpretation der Ergebnisse

5. Analyse- und Gestaltungsperspektiven: - Status Quo des Markenmanagements von Maschinenbauunternehmen - Strategische Optionen der Markenpolitik

6. Schlussbetrachtung und Ausblick

Abb. 1: Aufbau der Untersuchung
Quelle: Eigene Darstellung

4

2 Theoretische Grundlagen

2.1 Markenmanagement im Industriegüterbereich

2.1.1 Industriegütermarketing

Produkte und Produktprogramme von Unternehmen bilden nicht länger die Ausgangspunkte eines modernen Marketings. Vielmehr setzt Marketing heutzutage bei den Problemen und Bedürfnissen potentieller Kunden in den ausgewählten Geschäftsfeldern an (vgl. Schneider 2002, S. 26). So definiert *Meffert* Marketing als „(...) Planung, Koordination und Kontrolle aller auf die aktuellen und potentiellen Märkte ausgerichteten Unternehmensaktivitäten. Durch eine dauerhafte Befriedigung der Kundenbedürfnisse sollen die Unternehmensziele verwirklicht werden" (Meffert 2000, S. 8).[1]

Das Industriegütermarketing stellt eine Teildisziplin des allgemeinen Marketings dar. Dabei sind **Industriegüter** solche Güter oder Dienstleistungen, die von Organisationen beschafft werden, um sie im eigenen Leistungserstellungsprozess zu verwenden oder um sie unverändert an andere Organisationen weiterzuverkaufen (vgl. Homburg/Schneider 2001, S. 589). In der deutschsprachigen Literatur werden die Bezeichnungen „Industriegütermarketing", „Investitionsgütermarketing" und „Business-to-Business-Marketing" (B2B-Marketing) weitgehend synonym gebraucht, wobei der letzte Begriff z. T. weiter gefasst wird (vgl. Backhaus/Voeth 2007, S. 5).[2]

Eine Charakterisierung des Industriegütermarketings kann anhand verschiedener Kriterien vorgenommen werden. Insbesondere lassen sich die Kriterien *Nachfrager, Verwen-*

---

[1] Für weitere Definitionen des Marketings vgl. Kotler et al. 2007, S. 18; Homburg/Krohmer 2006, S. 10; Kohlert 2003, S. 3. In der Literatur besteht keine Einigkeit darüber, was den Kern des Marketings ausmacht. Konsens besteht lediglich darin, dass Marketing nicht allein als Unternehmensfunktion (Absatz bzw. Vertrieb), sondern aus einer funktionsübergreifenden Perspektive zu sehen ist (vgl. Backhaus/Voeth 2007, S. 14).

[2] Während das Business-to-Business-Marketing auch die Vermarktung an den konsumtiven Groß- und Einzelhandel miteinbezieht, umfasst das Industriegütermarketing ausschließlich die Vermarktung von Leistungen an gewerbliche Organisationen und Handelsunternehmen (vgl. Engelhardt/Günter 1981, S. 24). *Pförtsch* und *Schmid* halten jedoch diese Beschränkung auf gewerbliche Zwischenhändler und Weiterverarbeiter als einengend. Bei den Autoren steht weniger der Aspekt der Wertschöpfungstiefe im Vordergrund, als vielmehr die Stellung und die Eigenschaften nachgelagerter Kunden im Wertschöpfungsprozess (vgl. Pförtsch/Schmid 2005, S. 8; Kleinaltenkamp 2000, S. 173; Godefroid/Pförtsch 2008, S. 21). Gemeinsam bringen beide Definitionen angemessen zum Ausdruck, dass nicht die Gutskategorie, sondern die Art der beteiligten Marktpartner und damit die Verwendung der betreffenden Güter von stärkerer Differenzierungskraft sind (vgl. Binckebanck 2006, S. 18). Dementsprechend werden die Begriffe „Industriegütermarketing" und „B2B-Marketing" in dieser Studie synonym gebraucht.

dung der Produkte und *organisationales Kaufverhalten* unterscheiden (vgl. hier und im Folgenden Homburg/Schneider 2001, S. 589).

Nachfrager sind im Industriegüterbereich nicht die Endverbraucher, sondern Organisationen.[3] Der „klassische B2B-Kunde" erwirbt ein Produkt, um es zur Erstellung seiner eigenen Leistungen zu benutzen (z. B. Fertigungsmaschinen, Roh-, Hilfs- und Betriebsstoffe) (vgl. Godefroid/Pförtsch 2008, S. 25). Nach *Pförtsch* und *Schmid* können industrielle Kunden sehr unterschiedlich sein (vgl. Pförtsch/Schmid 2005, S. 9):

- **Produzierende oder dienstleistende Unternehmen**, die die bezogenen Produkte weiterverarbeiten oder im eigenen Produktionsprozess zur Erstellung materieller Produkte oder immaterieller Dienstleistungen nutzen (z. B. OEM[4], Ingenieurbüros),
- **Handels-Unternehmen**, die die gekauften Produkte weiterverkaufen,
- **Staatliche Einrichtungen** (z. B. Länder und Gemeinden),
- **Institutionen** (z. B. Krankenhäuser, Kirchen und Universitäten).

Die *Verwendung der Produkte* zielt hierbei auf die Erzeugung weiterer Produkte bzw. auf ihre Weiterveräußerung ab (vgl. Homburg/Schneider 2001, S. 589). Unter dem Begriff Industriegüter lassen sich verschiedene Produkttypen wie z. B. Anlagen, einzelne Maschinen, Einsatzstoffe oder Energieträger vereinen (vgl. Engelhardt/Günter 1981). Aus Marketing-Sicht werden sie nicht als gleichwertig eingestuft.[5] *Backhaus* unterteilt die Geschäftstypen in (vgl. Backhaus 2003, S. 324f.):

- **Produktgeschäft:** Es handelt sich um die Leistungen eines Anbieters, die weitgehend standardisiert hergestellt und vermarktet werden können, und die zu einem isolierten Einsatz bei den Abnehmern bestimmt sind (z. B. Schrauben, Motoren).

- **Anlagengeschäft:** Hier werden komplexe Produkte oder Systeme vermarktet. Die Kaufentscheidung wird zu einem bestimmten Zeitpunkt getroffen und in der Regel mit der Realisierung des Projektes abgeschlossen.

---

[3] Dass der Kundenkreis im Industriegütermarketing nicht die Endkonsumenten, sondern im Allgemeinen Organisationen sind, unterscheidet das Industriegütermarketing grundsätzlich von dem Konsumgütermarketing (vgl. Backhaus 2003, S. 8; Schneider 2002, S. 33).

[4] Als OEM oder Original Equipment Manufacturer bezeichnet man Unternehmen, die Produkte kaufen, um sie nahezu unverändert in ihre eigenen Produkte einzubauen. Ein typisches Beispiel ist die Automobilindustrie: Aus Sicht der Zulieferer (z. B. Conti, Hella, Bosch) sind die Automobilhersteller OEMs (vgl. Godefroid/Pförtsch 2008, S. 25).

[5] Der Kauf von Schrauben, eines Computers oder einer ganzen Walzstraße hat unter vielen Aspekten (z. B. finanzielle Gegebenheiten) eine sehr unterschiedliche Bedeutung und erfordert daher einen differenzierten Einsatz von Marketing-Instrumenten (vgl. Godefroid/Pförtsch 2008, S. 29; Homburg/Schneider 2001, S. 589).

- **Systemgeschäft:** Es handelt sich um Produkte, die nicht als Komplettpakete, sondern als Systembestandteile in einer sukzessiven Beschaffungsschrittfolge vermarktet werden (zu denen auch Dienstleistungen, als Systembestandteile, gehören).

- **Zuliefergeschäft:** Hier beliefern die Zulieferer ihre Kunden (OEM) mit Komponenten, die nahezu unverändert in die Produkte eingebaut werden.

Die Unterschiede zwischen einzelnen Typen bestehen z. B. bezüglich der Kaufhäufigkeit, des Volumens der Leistungsabgabe und der Dienstleistungsintensität (vgl. Homburg/Schneider 2001, S. 590).[6]

Das *organisationale Kaufverhalten* stellt das dritte Charakteristikum des Industriegütermarketings dar. Neben Besonderheiten auf der Nachfrager- und Anbieterseite lassen sich auch charakteristische Merkmale der Geschäftsbeziehung identifizieren (vgl. Backhaus/Voeth 2007, S. 10f.). Die organisationale Nachfrage weist verschiedene Kriterien auf. Insbesondere sind folgende Merkmale zu nennen: *derivativer bzw. abgeleiteter Charakter der Nachfrage, rationale Entscheidungen, Multipersonalität* und *hoher Individualisierungsgrad* (vgl. hier und im Folgenden Homburg/Schneider 2001, S. 590f.; Baumgarth 2004, S. 314).

Die Transaktionen auf den Industriegütermärkten werden dadurch gesteuert, dass es sich nicht um die Befriedigung einer originären, sondern einer *abgeleiteten Nachfrage* handelt. Bspw. ist die Nachfrage nach Silicondioxid von der Nachfrage nach PCs abhängig, deren Mikroprozessoren aus diesem Material gefertigt werden (vgl. Kotler/Pförtsch 2006, S. 22; Ogilvie 1987, S. 36).

Rationale Entscheidungen[7] bilden einen kognitiven Abwägungsprozess ab, in dem Zielgruppen mit schlüssigen Argumenten vom Produktnutzen überzeugt werden (vgl. Willhardt 2008, S. 33).

Im Gegensatz zum Konsumgütermarketing, bei dem Kaufentscheidungen überwiegend von *einer* Person getroffen werden, sind die Beschaffungsentscheidungen im Industriegüterbereich von mehreren Personen abhängig (vgl. Godefroid/Pförtsch 2008, S. 54). Der Grund hierfür liegt in der Komplexität des gewerblichen Kaufs, die oft die Kompe-

---

[6] Bspw. ist die Kaufhäufigkeit im Produktgeschäft wesentlich höher als im Anlagengeschäft, das Volumen der Leistungsabgabe ist jedoch im Anlagengeschäft größer als im Produktgeschäft. Außerdem zeichnen sich sowohl das Anlagengeschäft, als auch Systemgeschäft durch eine relativ hohe Dienstleistungsintensität aus. So sind bspw. bei der Implementierung eines neuen Fertigungssystems Schulungen erforderlich (vgl. Homburg/Schneider 2001, S. 29).

[7] Rational sind die Entscheidungen auf Industriegütermärkten u. a. aufgrund der Befriedigung organisationaler und nicht individueller Bedürfnisse (vgl. Backhaus/Sabel 2004, S. 789).

tenz einer einzelnen Person übersteigt (vgl. Pförtsch/Schmid 2005, S. 15). Somit ist die Gruppe der mit einer Beschaffung befassten Personen durch *Multipersonalität*[8] geprägt und wird als **Buying Center (BC)** bzw. Decision Making Unit (DMU) bezeichnet (vgl. Webster/Wind 1972; Mudambi et al. 1997, S. 436). Jedes Mitglied eines solchen Einkaufsgremiums hat seinen eigenen Verantwortungsbereich und bewertet die Kaufentscheidung nach verschiedenen Kriterien. (vgl. Homburg/Schneider 2001, S. 590). Der Einfluss der jeweiligen Mitglieder schwankt in Abhängigkeit von der spezifischen Beschaffungssituation. Dabei unterscheidet man die Situation des Neukaufs, identischen Wiederkaufs und modifizierten Wiederkaufs (vgl. Robinson et al. 1967, S. 28). Das Buying Center ist in der Regel institutionell nicht verankert und wird jeweils nur für eine anstehende Kaufentscheidung gebildet (vgl. Godefroid/Pförtsch 2008, S. 54).[9]

Die Mitglieder des Buying Centers können unterschiedliche Rollen einnehmen (vgl. Fitzgerald 1989, S. 77). Folgende Rollen werden dabei differenziert (vgl. Webster/Wind 1972, S. 77f.; Godefroid/Pförtsch 2008, S. 55f.; Rozin 2004, S. 345):

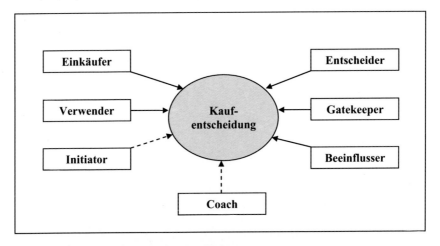

Abb. 2: Rollenausprägungen im Buying Center
Quelle: Eigene Darstellung in Anlehnung an Godefroid/Pförtsch 2008, S. 55.

- **Initiatoren** sind Personen, die den Bedarf erkannt und den Kaufprozess ausgelöst haben.

---

[8] Die am Kaufprozess beteiligten Personen kommen meistens aus verschiedenen Funktionsbereichen eines Unternehmens und aus anderen Organisationen zusammen (vgl. Meffert 2000, S. 1204). Die Zusammensetzung des BC variiert abhängig vom zu beschaffenden Industriegut und ist innerhalb der verschiedenen Phasen des Kauprozesses nicht konstant (vgl. Pförtsch/Schmid 2005, S. 16).

[9] Dies schließt nicht aus, dass ein großer Teil der Mitglieder des BC regelmäßig oder grundsätzlich an Beschaffungen beteiligt ist (vgl. Godefroid/Pförtsch 2008, S. 54).

- **Verwender (User)** des Beschaffungsobjektes sind Personen, die nach dem Kauf mit dem Produkt arbeiten.

- **Beeinflusser (Influencer)** beeinflussen die Kaufentscheidung durch die Festlegung bestimmter Normen, Erfahrungen oder Kenntnissen bzgl. der Lieferunternehmen oder ihrer Produkte.

- **Einkäufer (Buyer)** verfügen über die formale Autorität zur Auswahl potentieller Lieferanten und für die Festlegung der Kauf- und Lieferbedingungen.

- **Informationsselektierer (Gatekeeper)** sind solche Mitglieder, die den Informationsfluss im und in das Buying Center steuern.

- **Entscheider (Decider)** sind Personen, die aufgrund ihrer formalen Macht die endgültige Entscheidung treffen.

- **Coach** ist eine Person im Buying Center, die mit dem Verkäufer besonders vertrauensvoll arbeitet und über die der Verkäufer einen Zugang zum BC hat.[10]

Die Kenntnis der Rollen erleichtert es dem Anbieter, den Überblick über die Position, den Einfluss und Aufgaben der BC-Mitglieder zu gewinnen und somit den Kaufprozess effizient zu gestalten (vgl. Fließ 2000, S. 313).

Ferner ist der *hohe Individualisierungsgrad* der organisationalen Nachfrage zu nennen. Industrielle Kunden haben meistens einen spezifischen Problemlösungsbedarf, dem nur durch ein individualisiertes Angebot Rechnung getragen werden kann (vgl. Kleinaltenkamp 2000, S. 216; Voeth/Rabe 2004, S. 78).

Neben den Merkmalen der organisationalen Nachfrage lassen sich auch bestimmte Charakteristika der *Anbieter* identifizieren (vgl. hier und im Folgenden Homburg/Schneider 2001, S. 591). Dazu zählen insbesondere die Multipersonalität, die Multiorganisationalität und die Internationalität. *Multipersonalität* ist durch die Bildung eines Selling Centers, analog zum Buying Center auf der Nachfragerseite, gekennzeichnet. Als *Multiorganisationalität* wird der Zusammenschluss der Organisationen zu Anbietergemeinschaften verstanden. Bedingt durch die zunehmende Globalisierung der Märkte ist die *Internationalität* ein weiteres Kriterium der Anbieter (vgl. Belz/Kopp 1994, S. 1579; Baumgarth/Douven 2006, S. 154).

---

[10] Diese Rollenausprägung sollte vom Verkäufer mit großer Vorsicht betrachtet werden. In der Praxis kommt es häufig vor, dass ein BC bewusst über den Coach Desinformation an den Verkäufer sendet, um ihn bspw. in Sicherheit zu wiegen, während tatsächlich für den Wettbewerber entschieden wird (vgl. Godefroid/Pförtsch 2008, S. 57).

Die Anbieter sind größtenteils die Hersteller der Industriegüter, die selbst wiederum als Kunden auf B2B-Märkten agieren (vgl. Godefroid/Pförtsch 2008, S. 28; Kleinaltenkamp 2000, S. 195).[11] Im Rahmen dieser Untersuchung werden die Marketingaspekte des Markenmanagements überwiegend aus Sicht eines derartigen Herstellers betrachtet.

2.1.2 Definition und Funktionen der Industriegütermarke

Ziel und Ankerpunkt einer strategischen Industriegütermarkenpolitik[12] ist die Industriegütermarke. Unter der *Industriegütermarke[13]* wird ein Zeichen oder Merkmal zur Kennzeichnung solcher Sachgüter und Dienstleistungen verstanden, die von Organisationen für die weitere Leistungserstellung oder unveränderte Weiterveräußerung beschafft werden (vgl. hier und im Folgenden Kemper 2000, S. 93f.; Abschnitt 2.1.1).[14] Als Kennzeichen stellt die Industriegütermarke ein Informationsmedium dar, das Verwendern die Herkunft der Güter signalisiert und der Identifizierung sowie Individualisierung von Angeboten dient (vgl. Irmscher 1997, S. 7; Thurman 1961, S. 21). Die Markierung allein ist jedoch nur als reine Kennzeichnung einer Leistung und somit als ein Teilaspekt der Marke zu verstehen (vgl. Pförtsch/Schmid 2005, S. 75). Es bedarf einer weiteren Differenzierung des Markenbegriffes aus einer ganzheitlichen Perspektive.

Das Bestreben des Marketings ist es u.a., aus einem weitgehend austauschbaren Produkt eine alleinstellende Marke zu kreieren (vgl. Pepels 2006, S. 231). „Als Marke werden Leistungen bezeichnet, die neben einer unterscheidungsfähigen Markierung durch ein systematisches Absatzkonzept im Markt ein Qualitätsversprechen geben, das eine dauerhaft werthaltige, nutzenstiftende Wirkung erzielt und bei der relevanten Zielgruppe in der Erfüllung der Kundenerwartungen einen nachhaltigen Erfolg im Markt realisiert

---

[11] Es treten auch andere Organisationen als Anbieter auf Industriegütermärkten auf: Händler und Distributoren sowie diverse Dienstleistungsunternehmen (vgl. Godefroid/Pförtsch 2008, S. 28).

[12] Unter der *Markenpolitik* werden sämtliche kurz- und langfristig orientierten Entscheidungen und Maßnahmen markenführender Institutionen (Hersteller, Händler, Dienstleister) verstanden, die darauf abzielen, Leistungen als Marke aufzubauen und im Markt erfolgreich durchzusetzen, um damit spezifische markenpolitische Ziele zu erreichen (vgl. Bruhn 2004, S. 26).

[13] Angesichts der mangelnden wissenschaftlichen Auseinandersetzung mit den markenpolitischen Aspekten im Industriegüterbereich liegt bislang keine eindeutige, allgemein anerkannte Definition der Industriegütermarke vor. Häufig wird in der einschlägigen Literatur auf eine genaue Begriffsabgrenzung sogar ganz verzichtet (vgl. Richter, 2007, S. 13).

[14] Darauf stützend subsumiert *Richter* unter der Industriegütermarke auch Begriffe wie Anlagegüter-, Produktionsgüter-, Komponenten-, Material-, Vorprodukt- und Zuliefermarke. Demzufolge verfügt ein Industriegüterunternehmen über eine Marke, sobald es seine Produkte nicht anonym vermarktet, sondern mit einem bestimmten Zeichen oder Merkmal in Verbindung bringt (vgl. Richter 2007, S. 14).

bzw. realisieren kann" (Bruhn 2004, S. 21). *Bieberstein* definiert die Marke anhand bestimmter Eigenschaften, die ein Produkt erfüllen muss, um als Markenartikel gelten zu können (vgl. Bieberstein 2006, S. 249). Danach zeichnen sich Markenerzeugnisse u.a. aus durch:

- ein **unverwechselbares, einheitliches Erscheinungsbild**,
- einen **hohen Bekanntheitsgrad**,
- eine **gleichbleibende, standardisierte Qualität** der Leistung,
- ein **relativ konstantes, meist hohes Preisniveau** und
- ein Angebot in einem **größeren Absatzraum**.[15]

Meffert und *Burmann* gehen von einem erweiterten, wirkungsbezogenen Markenverständnis aus und definieren die Marke als ein „(...) in der Psyche des Konsumenten verankertes, unverwechselbares Vorstellungsbild von einem Produkt oder einer Dienstleistung" (Meffert/Burmann 2000, S. 169).[16] Für das Nachfragerverhalten ist demnach das Gesamtbild einer Marke entscheidend, das sich in einem unbewusst verlaufenden Prozess der Vereinigung von objektiv-funktionalen mit subjektiv-psychologischen Eigenschaften ergibt (vgl. Becker 1992, S. 122). Nach *Lehmann* und *Keller* besitzt dieses Markenverständnis auch im Rahmen des organisationalen Kaufverhaltens Geltung und kann somit für die weiteren Ausführungen als grundlegend betrachtet werden (vgl. Keller/Lehmann 2006, S. 745).

Die Möglichkeiten und der Erfolg der Markenpolitik werden insbesondere von den Funktionen bestimmt, die der Marke aus Sicht der einzelnen Marktteilnehmer beigemessen werden (vgl. Bruhn 2004, S. 27). Die Wertschätzung einer Marke bei den Nachfragern und ihre hohe Bedeutung für den Inhaber beruhen auf der Erfüllung dieser Funktionen bzw. ihrer grundsätzlichen Aufgaben in einem Wirtschaftsprozess (vgl. Kemper 2000, S. 11; Kraft 1992, S. 250). Bei den Markenfunktionen kann somit je nach dem betrachteten Marktteilnehmer zwischen einer Anbieter- und Nachfragerperspektive unterschieden werden (vgl. Pförtsch/Schmid 2005, S. 106).

---

[15] Diese klassische, merkmalsbezogene Markendefinition ist jedoch heutzutage für ein allgemeines Markenverständnis zu eng gefasst (vgl. Webster/Keller 2004, S. 389; Keller/Lehmann 2006, S. 743). So reichen bspw. die Informationen über Herkunft oder Qualität eines Produktes nicht mehr aus, um das Verhalten der Nachfrager erklären zu können (vgl. Köhler 2004, S. 2769). Um den Einfluss von Marke verstehen zu können, ist eine wirkungsbezogene Sichtweise notwendig (vgl. Donnevert 2009, S. 6; Esch 2007, S. 23; Meffert 2006, S. 128).

[16] Eine Marke ist demnach stets immateriell und existiert ausschließlich in Köpfen der Kunden (vgl. Homburg et al. 2006, S. 282; Donnevert 2009, S. 7).

11

Eine eindeutige Unterscheidung einzelner Markenfunktionen gestaltet sich schwierig, da die Funktionen sich z. T. auf verschiedene Bezugssysteme beziehen (vgl. Sander 1994, S. 9f.; Meffert et al. 2005, S. 10f.; Homburg/Krohmer 2003, S. 516f.). Nachfolgend werden einige allgemein anerkannte wirtschaftliche Funktionen einer Marke aufgeführt (vgl. Tab. 1).

Funktionen der Marke für den Anbieter
• Preispolitischer Spielraum
• Wertsteigerung des Unternehmens
• Kommunikationsfunktion
• Imagefunktion
• Differenzierungsfunktion gegenüber der Konkurrenz
• Schutzfunktion
Funktionen der Marke für den Nachfrager
• Steigerung der Informationseffizienz
• Risikoreduktion
• Stiftung ideellen Nutzens

Tab. 1: Funktionen der Marke aus Anbieter- und Nachfragerperspektive
Quelle: Eigene Darstellung in Anlehnung an Bruhn 2004, S. 28f.

Die Marke soll dem Anbieter einen *preispolitischen Spielraum* verschaffen (vgl. Meffert/Burmann 2002, S. 12). Je besser es gelingt, eine Marke einzigartig im Vergleich zu konkurrierenden Angeboten darzustellen, desto größer ist der Preisspielraum. Ein professionelles Markenmanagement führt somit auch zu einer *Wertsteigerung des Unternehmens* (vgl. Meffert et al. 2005, S. 15). Als Informationsmittel erfüllt die Marke eine *Kommunikationsfunktion*. Durch sie können Botschaften gezielt an die Empfänger gesendet und bei diesen in Assoziationen mit der Marke verankert werden (vgl. hier und im Folgenden Bruhn 2004, S. 29; Pförtsch/Schmid 2005, S. 108). Hinsichtlich des Images geht es darum, der Zielgruppe ein prägnantes Markenbild zu vermitteln (*Imagefunktion*), das dazu dient, die eigenen Leistungen von den Wettbewerbern abzugrenzen (*Differenzierungsfunktion*) (vgl. Homburg/Krohmer 2003, S. 517). Als Ausschließlichkeitsrecht besitzt die Marke den rechtlichen Schutz, der über das Markengesetz geregelt ist und den Markeninhaber gegen missbräuchliche Nachahmung schützt (*Schutzfunktion*) (vgl. Kemper 2000, S. 113).

Aus der Nachfragerperspektive muss sich die Zahlung einer Preisprämie lohnen. Somit ist die Wertschätzung der Nachfrager die Basis für die Realisierung eines Markenwertes auf der Anbieterseite (vgl. Willrodt 2004, S. 18). *Caspar et al.* unterscheiden folgende drei Hauptgruppen der Markenfunktionen auf der Nachfragerseite (vgl. hier und im Folgenden Caspar et al. 2002, S. 23f.):

1) Die *Steigerung der Informationseffizienz* bezieht sich auf alle Aspekte, bei denen die Marke eine Informationsverarbeitungs- und Entscheidungshilfe darstellt. Sie basiert auf der Eigenschaft von Marken, verschiedene Informationen über Produkt und Hersteller in höchstem Maße zu verdichten und so als „Information Chunk"[17] zu fungieren (vgl. Schröder/Perrey 2002, S. 15f.; Kroeber-Riel/Weinberg 2003, S. 284). Dabei gibt die Marke die Herkunft des Produktes an und dient durch die Wiedererkennung eines bestimmten Produktes der Orientierung bei einer großen Anzahl von Produktalternativen (vgl. Pförtsch/Schmid 2005, S. 106). Ferner reduziert die Marke den durch die Multipersonalität erhöhten Entscheidungsaufwand, indem sie die Kommunikation zwischen den Mitgliedern des Buying Center erleichtert (vgl. Caspar et al. 2002, S. 24; Sitte 2001, S. 98).

2) Eine weitere Funktion der Marke besteht in der *Reduktion des Risikos*, eine falsche Entscheidung zu treffen (vgl. Bugdahl 1998, S. 23). Die Marke bietet Sicherheit, indem sie kognitive Dissonanzen[18] reduziert. Marken stehen als Garant für die aktuelle und zukünftige Qualität der Leistungen und geben so Vertrauen[19] durch die Erfüllung von Erwartungen, die in die Produktleistung gesetzt werden (vgl. Schröder/Perrey 2002, S. 17). Bedingt durch die Besonderheiten des Industriegüterbereichs können Marken eine Rechtfertigungsfunktion übernehmen, indem sich die Beschaffenden im

---

[17] Darunter ist die konzentrierte Kurzbotschaft über die wesentlichen Kapazitäten eines Industriegüteranbieters zu verstehen (vgl. Schweiger 1995). So wird die Marke als „(...) die am höchsten verdichtete Information über ein Produkt" im Industriegüterbereich verstanden (vgl. Winterling 1993, S. 84). Die Eigenschaft des Information Chunkings gewinnt angesichts der Informationsflut und steigender Leistungskomplexität an Bedeutung (vgl. Caspar et al. 2002, S. 23).

[18] Damit wird ein negatives Gefühl bezeichnet, das infolge einer wahrgenommenen Diskrepanz beim Vergleich zwischen den Vorzügen der gewählten und der ausgeschlagenen Alternative entsteht (vgl. Trommsdorff 2004a, S. 141; Kroeber-Riel et al. 2009, S. 233; Weinberg 1981, S. 78).

[19] In der Informationsökonomie wird unterstellt, dass bei Transaktionsprozessen zwischen Anbietern und Nachfragern Informationsasymmetrien und damit Verhaltensunsicherheiten auftreten (vgl. Hansen/Bode 1999, S. 250; vgl. Abschnitt 3.3.2). Dabei wird die Höhe der Informationsdefizite eines Nachfragers von den Beurteilungsmöglichkeiten eines Leistungsangebots determiniert. Es wird eine Unterscheidung von Leistungsmerkmalen nach Such-, Erfahrungs- und Vertrauenseigenschaften vorgenommen (vgl. Kleinaltenkamp 2000, S. 223). Vor allem bei Produkten mit einem hohen Anteil an Vertrauenseigenschaften, die auch nach dem Kauf eines Produktes nicht zweifelsfrei beurteilt werden können (z. B. technischer Wartungszustand und Sicherheit eines Flugzeuges), besteht beim Nachfrager ein hohes Risikoempfinden. Marke kann hier als Signal für eine Leistungsqualität aufgefasst werden und trägt zu einer Minderung des subjektiv empfundenen Risikos bei (vgl. Meffert et al 2005, S. 11f.).

Konfliktfall auf die in der Marke gebündelte Reputation des Anbieters berufen können (vgl. Pförtsch/Schmid 2005, S. 107).[20]

3) Zusätzlich können Marken einen *ideellen Nutzen* stiften. Während die Marke im Konsumgüterbereich die Selbstverwirklichung der Konsumenten beschreibt, die in einen emotionalen und erlebnisbezogenen Zusatznutzen resultiert, zielt sie im B2B-Bereich auf die Außenwirkung von Unternehmen auf verschiedene Anspruchsgruppen (vgl. Backhaus et al. 2002, S. 48). Hierbei sind drei unterschiedliche Wirkungsrichtungen zu unterscheiden (vgl. hier und im Folgenden Schröder/Perrey 2002, S. 17f.):

- **Selbstdarstellung der Mitarbeiter.** Die Marke hilft bei der Verwirklichung von Mitarbeiterzielen, indem sie die Darstellung der Mitarbeiter des beschaffenden Unternehmens in den Dimensionen sozialer und funktionaler Status (z.B. durch die Nutzung eines hochwertigen Dienstwagens) unterstützt.

- **Darstellung des Unternehmens.** Hier kann die Marke als Symbol des unternehmerischen Erfolgs sowie in der Kommunikation der Unternehmenswerte (z. B. durch die nach außen sichtbare Verwendung renommierter Qualitätssicherungssysteme) genutzt werden.

- **Reputationstransfer.** Durch ihre Wirkung auf die nachfolgenden Wertschöpfungsstufen kann Marke dem beschaffenden Unternehmen einen Nutzen stiften, indem sie die Produkte und das Image des Unternehmens durch einen Transfer der Reputation des Zulieferunternehmens aufwertet.[21]

Die Markenfunktionen lehnen sich eng an die Kaufprozesse an, die zwischen einzelnen Industriegütermärkten stark variieren. Folglich ist davon auszugehen, dass sämtliche Aspekte der dargestellten Markenfunktionen für die zahlreichen B2B-Produktmärkte von unterschiedlicher Bedeutung sind (vgl. Caspar et al. 2002, S. 28).

---

[20] Das Risikoempfinden ist im Industriegüterbereich besonders hoch (vgl. Pförtsch/Schmid 2005, S. 107). Insbesondere die Leistungen mit Systembindung sind sehr risikoreich, da ein Systemwechsel hier nur mit sehr hohen Kosten realisierbar ist (vgl. Backhaus/Voeth 2007, S. 419). Demnach ist es unerlässlich die Integrierbarkeit von künftigen Erweiterungsinvestitionen in das bestehende System abzusichern (vgl. Schröder/Perrey 2002, S. 17).

[21] Diese auch als „Ingredient Branding" bekannte Strategie bezeichnet eine vom Markenanbieter über mehrere Marktstufen gesteuerte Markenpolitik, die einen Nachfrage-Pull des Endverbrauchermarktes auf den Anbietern nachfolgenden Wertschöpfungsstufen initiiert (vgl. Freter/Baumgarth 2005, S. 462; Ludwig 2000, S. 20). Ein bekanntes Beispiel hierfür ist das Zusammenspiel vom Mikroprozessorhersteller Intel mit seiner „Intel Inside"-Kampagne und dem Computerhersteller IBM (vgl. hierzu ausführlicher Ginter/Dambacher 2002, S. 65).

Zu fragen ist dann, ob jedes Industriegut zu einem Markenprodukt ausgebaut werden sollte oder aufgrund bestimmter hemmender Faktoren diese Stufe überhaupt erreichen kann. So kann ein Industriegut zwar Merkmale von Markenartikeln besitzen, dennoch aber bestimmte Defizite oder eine geringe Wirkungsintensität aufweisen (vgl. Kemper 2000, S. 94). Den Aspekten der generellen Markenbedeutung im Industriegüterbereich wird im nächsten Abschnitt nachgegangen.

2.1.3 Markenrelevanz

Als einer der wesentlichen Unterschiede zwischen Industrie- und Konsumgütermarketing wurde längere Zeit die Abwesenheit von Marken im B2B-Bereich angesehen. So entfielen im Jahr 2000 von 86.000 Markenneuanmeldungen in Deutschland lediglich ca. 20% auf Industriegütermarken (vgl. Backhaus et al. 2002, S. 48).

Inzwischen mehren sich jedoch in der Unternehmenspraxis die Stimmen, die markenpolitischen Aspekten eine steigende Relevanz im Vermarktungskonzept von Industriegüteranbietern beimessen (vgl. Richter 2007, S. 3). Von den 500 größten europäischen Markenunternehmen waren 2007 ca. 64% überwiegend B2B-Unternehmen (vgl. Godefroid/Pförtsch 2008, S. 187).[22] Diese Entwicklung ist im Wesentlichen auf zwei Gründe zurückzuführen: Zum einen auf die zunehmende Leistungshomogenisierung und zum anderen auf die zunehmende Angebotsvielfalt auf den zahlreichen Industriegütermärkten (vgl. Richter 2007, S. 4; Abschnitt 1.1).

Das *Marketing Centrum Münster (MCM)* und die Unternehmensberatung *McKinsey* definieren erstmalig den Begriff **Markenrelevanz**, wie er dieser Untersuchung zugrunde liegt. Dieser Definition nach wird als Markenrelevanz die relative Wichtigkeit der Marke bei der Auswahl- und Kaufentscheidung der Nachfrager bezeichnet (vgl. Caspar et al. 2002, S. 10).[23] Artverwandt und z. T. synonym werden in der Literatur Begriffe wie Markenbedeutung, Markenbewusstsein, Markenwichtigkeit, Markenbereitschaft

---

[22] Die hohen ökonomischen Markenwerte für Industriegütermarken stellen einen weiteren Nachweis für die steigende Markenrelevanz dar. Dem Interbrand-Ranking zufolge lassen sich 17 der 100 wertvollsten Marken, wie z. B. IBM, SAP, CATEPILLAR und SIEMENS, dem B2B-Bereich zuordnen (vgl. Baumgarth/Douven 2006, S. 137).

[23] *Baumgarth* und *Haase* beziehen sich in ihrer Definition von Markenrelevanz auf MCM und McKinsey. Insofern stellt sie keine inhaltlich neue Definition dar. Die Autoren unterscheiden jedoch zwischen der aktuellen und der potenziellen Markenrelevanz. Potenzielle Markenrelevanz wird zwar nicht explizit definiert, beschreibt aber die mögliche Relevanz von Marken in einer Produktkategorie, die noch über keine bekannten Marken verfügt. (vgl. Baumgarth/Haase 2005a, S. 44f.).

und Markenbildungspotenzial genannt (vgl. Richter 2007, S. 19; Schmidt 2001, S. 57; Mudambi 2002, S. 525). Betrachtungsbasis ist hierbei der Kaufentscheidungsprozess, der von dem produktmarktspezifischen Umfeld der Nachfrager abhängt (vgl. Backhaus et al. 2002, S. 50).

Angesichts der vielen Industriegüterarten kann nicht a priori davon ausgegangen werden, dass eine Markenpolitik in jedem Fall angebracht ist. Vielmehr sind die Voraussetzungen güterspezifisch und situationsbezogen zu überprüfen (vgl. Kemper/Bacher 2004, S. 35). Ebenfalls sind die Einflussfaktoren einer Kaufentscheidung in verschiedenen Kaufsituationen unterschiedlich wichtig (vgl. hier und im Folgenden Caspar et al. 2002, S. 10 f.). Vergleicht man beispielhaft zwei Beschaffungs- bzw. Kaufprozesse, hat die relative Bedeutung der Marke verschiedene Ausprägungen auf die Kaufentscheidung (vgl. Abb. 3):

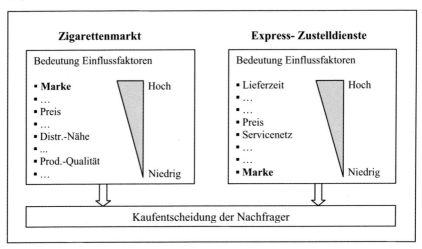

Abb. 3: Markenrelevanzverständnis (illustrativ)
Quelle: Eigene Darstellung in Anlehnung an Caspar et al. 2002, S. 11.

Im Zigarettenmarkt hängt die Kaufentscheidung u. a. von einer schnellen Orientierung unter der Angebotsvielfalt und von dem emotionalen Zusatznutzen des Produktes ab. Folglich ist die Markenrelevanz bei der Kaufentscheidung in diesem Produktmarkt hoch. Im Gegensatz dazu spielen im Markt für Express-Zustelldienste Entscheidungskriterien, wie z.B. Preis oder Servicenetz, die ausschlaggebende Rolle. Die Bedeutung der Marke ist demnach gering.

Die Relevanz der Marke als Wettbewerbsinstrument hängt somit entscheidend von dem Kontext des Marktes ab, in dem sie geführt wird (vgl. Schröter 1993, S. 333). Je nachdem wie einzelne Kontextfaktoren ausgeprägt sind, können Aussagen darüber getroffen werden, ob Marken eine größere oder eher eine geringere Bedeutung besitzen (vgl. Fischer et al. 2002, S. 8). Der produktmarktspezifische Kontext wird durch die Eigenschaften von Industriegütermärkten definiert (vgl. Caspar et al. 2002, S. 30; Droege et al. 1993, S. 68).

Aufgrund der großen Vielfalt der auf Industriegütermärkten gehandelten Leistungen ist das Untersuchungsfeld für die weitere Analyse der Markenrelevanz einzugrenzen. Der Schwerpunkt der Studie liegt im Folgenden auf der deutschen Maschinenbaubranche, die nachfolgend näher charakterisiert wird.

2.2 Charakterisierung der Maschinenbauindustrie

2.2.1 Beschreibung der Branchenspezifika

Der Maschinenbau ist traditionell einer der bedeutendsten Wirtschaftszweige der Industrieländer. Dieser Wirtschaftsbereich umfasst die Entwicklung, Herstellung und den Vertrieb von Maschinen aller Art (vgl. Pförtsch/Schmid 2005, S. 457). Unter *Maschinen* werden dauerhafte Wirtschaftsgüter verstanden, die zur Herstellung anderer Güter verwendet werden, aber nicht als Roh-, Hilfs- oder Betriebsstoffe in den Produktionsprozess eingehen (vgl. Beutel 1988, S. 25). Dabei sind Maschinen entweder Potenzialfaktoren, die ein Bündel von Nutzungen enthalten oder komplexe Teile von Produkten (vgl. Pohmer/Bea 1977, S. 72).

Die Maschinenbaubranche umfasst zahlreiche Fachgebiete, die sich gegenseitig und mit anderen Zweigen der Technik, insbesondere mit der Elektrotechnik und der Informations- und Kommunikationstechnik, durchdringen und vernetzen (vgl. Pförtsch/Schmid 2005, S. 457). Die Vielfältigkeit dieses Industriezweiges kann beispielhaft durch die Aufzählung einiger wesentlicher und **typischer Fachgebiete** verdeutlicht werden (vgl. VDMA [Statistisches Handbuch] 2008, S. 86f.):

- Antriebstechnik (z. B. Zahnräder, Getriebe, Kupplungen, Wälz-/Gleitlager),

- Fördertechnik (z. B. Aufzüge, Flurförderzeuge, Lagertechnik),

- (Präzisions-)Werkzeugmaschinen und Fertigungssysteme (z. B. Transferanlagen),

- Allgemeine Lufttechnik (z. B. Ventilatoren, Klimaanlagen), Power Systems,

- Baumaschinen (z. B. Krane, Bagger, Zementwerke, Fräsen),

- Nahrungsmittel- und Verpackungsmaschinen, Armaturen (z. B. Ventile, Schieber),

- Druck- und Papiertechnik (z. B. Druck-, Satz- und Repromaschinen),

- Landtechnik (z. B. Traktoren, Erntemaschinen), Eisenhütten- und Walzwerke,

- Pumpen und Systeme, Robotik und Automation, Kunststoff- und Gummimaschinen,

- Thermo-, Prozess- und Abfalltechnik, Kompressoren, Waagen, Prüfmaschinen,

- Holzbearbeitungsmaschinen, Textilmaschinen, Bekleidungs- und Ledertechnik.[24]

Neben der Einteilung des Maschinenbaus in Fachzweige kann eine Differenzierung nach den Kriterien *Erzeugnisarten* und *Fertigungsarten* vorgenommen werden (vgl. Jaßmeier 1999, S. 26; Steven 2007, S. 35).

Die **Unterscheidung nach Erzeugnisarten** basiert auf unterschiedlicher Produktkomplexität (vgl. hier und im Folgenden Murmann 1994, S. 40f.). Es werden unterschieden:

- Maschinenkomponenten und Werkzeuge (z. B. Wälzlager, Zahnräder),
- Aggregate und Baugruppen (z. B. Getriebe, Kupplungen, Pumpen),
- Maschinen und Geräte (z. B. Dreh-, Textil-, Verpackungs- oder Baumaschinen),
- Anlagen (z. B. verkettete Maschinensysteme, Produktions- und Förderanlagen).[25]

Bei der **Unterscheidung der Fertigungsarten** wird auf die Struktur des Produkts und des Fertigungsprozesses abgestellt. Dazu wird das Kriterium Losgröße herangezogen:

- Einzelfertigung (bis 5 Stück/ Los),
- Kleinserienfertigung (5 bis 100 Stück/ Los),
- Serienfertigung (100 bis 500 Stück/ Los),
- Großserienfertigung (über 500 Stück/ Los).

---

[24] Nach der Definition von VDMA gehört zum Maschinenbau auch die Herstellung von Waffen und Haushaltsgeräten (vgl. VDMA [Statistisches Handbuch] 2009, S. 10). Im Folgenden werden jedoch die beiden Produktkategorien nicht weiter behandelt, da ihr Verständnis aus dem Rahmen des B2B-Kontextes hinausgeht.

[25] Die Unterscheidung der Erzeugnisarten entspricht weitgehend dem im Rahmen von gütertypologischen Ansätzen des Industriegütermarketings üblichen Vorgehen (vgl. Abschnitt 2.1.1).

Ferner lässt sich der Maschinenbausektor in verschiedene Marktsegmente unterteilen (vgl. hier und im Folgenden Beutel 1988, S. 138f.). Dies erfolgt nach einem technisch determinierten **Spezialisierungsgrad** der Produkte (vgl. Engelhardt/Günter 1981, S. 156f.; Richter 2001, S. 19). Es lassen sich folgende Marktsegmente für Maschinen bilden (vgl. Abb. 4):

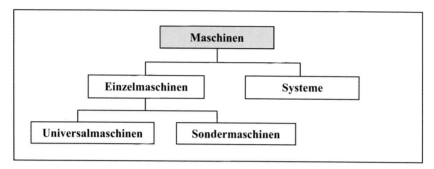

Abb. 4: Marktsegmente im Maschinenbau
Quelle: Eigene Darstellung in Anlehnung an Beutel 1988, S. 139.

Universalmaschinen können nur innerhalb einer bestimmten Arbeitsfunktion eingesetzt werden. In diesem Bereich führen sie verschiedene Arbeitsvorgänge aus und bearbeiten sowohl quantitativ als auch qualitativ unterschiedliche Werkstoffe, wie z. B. Holz, Beton oder Metall (vgl. Engelhardt/Günter 1981, S. 156; Steven 2007, S. 149). Dies bewirkt eine Nachfrage größerer Stückzahlen eines Typs und ermöglicht damit die Fertigung größerer Serien (vgl. Beutel 1988, S. 139). *Sondermaschinen* werden entwickelt und produziert, um kundenspezifische Bearbeitungsprobleme zu lösen. Sie können nur eng begrenzte Funktionen an bestimmten Werkstoffen ausführen, wie z. B. Holzbohrungen einer bestimmten Stärke (vgl. Engelhardt/Günter 1981, S. 156). Die Fertigung der Sondermaschine vollzieht sich deshalb in der Regel als eine Einzelfertigung und ist mit hohen Kosten verbunden. Als *Systeme* werden verkettete Einzelmaschinen bezeichnet, wie z. B. Walzwerke. Sowohl Systeme als auch Sondermaschinen weisen einen hohen Grad an der Individualisierung auf, da sie zum großen Teil auf die Anforderungen des Kunden zugeschnitten werden müssen (vgl. Beutel 1988, S. 139f.).

Diese Spezialisierungsunterschiede bewirken eine hohe Abhängigkeit der Maschinenbaubranche von der wirtschaftlichen Situation industrieller Abnehmer. Damit kommt eine ausgeprägte Konjunkturabhängigkeit des Maschinenbaus zum Vorschein, die für die gesamte Branche kennzeichnend ist (vgl. Lehnen 2002, S. 77).[26]

Im folgenden Abschnitt wird auf die gegenwärtige Situation der Maschinenbaubranche in Deutschland eingegangen, um zu verdeutlichen, in welchem Umfeld sich die zu betrachtende Industriebranche befindet und welchen Rahmenbedingungen dieser Bereich ausgesetzt ist.

2.2.2 Aktuelle Situation der deutschen Maschinenbaubranche

Der deutsche Maschinen- und Anlagenbau gehört zu den fünf wichtigsten Branchen in der Bundesrepublik. Gemessen an den rund 6000 Unternehmen und 965 000 Beschäftigten ist dies die größte Branche Deutschlands vor der Elektrotechnik und dem Straßenfahrzeugbau (siehe Tab. 2).

Branche	Unternehmen Anzahl	Beschäftigte in Tsd.	Umsatz in Mrd. Euro	Auslands- umsatz in Mrd. Euro	Export- Quote*
Maschinenbau	5920	965	205	145,6	71 %
Elektrotechnik	4000	808	173	52	30%
Straßenfahrzeugbau	1007	757	290	174	60%
Chemische Industrie	1419	419	141	137,5	97,5%

Tab. 2: Die größten Industriezweige der Bundesrepublik Deutschland im Jahr 2008
Quelle: VDMA (2009b); Statistisches Bundesamt (2009); * eigene Berechnung
(Auslandsumsatz × 100 : Umsatz)

Im Maschinenbau dominieren mittelständische Betriebs- und Entscheidungsstrukturen. Ca. 88% der Unternehmen beschäftigen weniger als 250, nur 2% mehr als 1000 Mitarbeiter. Mehr als zwei Drittel haben sogar weniger als 100 Beschäftigte (vgl. hier und im Folgenden VDMA [Volkswirtschaft und Statistik] 2009b). Beschäftigungsmäßig stellt

---

[26] Da der Maschinenbau ausschließlich Industriegüter produziert, hängt er vom Investitionsklima und von der Gewinnsituation der Wirtschaft ab. Maschinen werden in der Regel dann gekauft, wenn sich die Investition vor dem Hintergrund der aktuellen und der zukünftig zu erwartenden wirtschaftlichen Situation des Nachfragers lohnt (vgl. Lehnen 2002, S. 77f.; Krist 1993, S. 327). Laut der VDMA-Prognose wird bspw. die reale Produktion der deutschen Maschinenhersteller im Jahr 2009 aufgrund der weltweiten Wirtschaftskrise von 2008 um 7% zurückgehen. Erstmals seit 2003 ist die Branche wieder in der Unterauslastung der Sachkapazitäten. Eine dermaßen geringe Auslastung hat in der Branche zuletzt 1993 statt gefunden (vgl. VDMA [Konjunkturbulletin] 2009a).

der Maschinenbau mit ca. 965 000 Arbeitnehmern den wichtigsten Industriesektor in der Bundesrepublik Deutschland dar.

Die meisten Unternehmen sind im **Verband Deutscher Maschinen- und Anlagenbau (VDMA)** organisiert, der rund 90% des Gesamtumsatzes repräsentiert (vgl. Pförtsch/Schmid 2005, S. 457). Der Branchenumsatz wird maßgeblich von der Fertigungstiefe beeinflusst. Während im Straßenfahrzeugbau und in der Elektrotechnik die Großserienfertigung mit weitgehend standardisierten Komponenten vorherrscht, ist der Maschinenbau von der Einzel- bzw. Kleinserienfertigung geprägt (vgl. Abschnitt 2.2.1).[27]

Bemerkenswert ist die hohe Exportorientierung der deutschen Maschinenhersteller. 70 % des Umsatzes wird durch den Export von Maschinen ins Ausland erwirtschaftet (vgl. Tab. 2). Die deutschen Maschinenexporte wuchsen im Jahr 2008 um real 4,8% im Vorjahresvergleich. Dies entspricht einer nominalen Zunahme um 7,2% (vgl. VDMA [Volkswirtschaft und Statistik] 2009). Im internationalen Vergleich nimmt der deutsche Maschinenbau eine führende Stelle ein, gefolgt von USA und Japan.[28]

Der Mercer-Studie „Maschinenbau 2010"[29] zur Folge hat der deutsche Maschinenbau auch in Zukunft gute Wachstumschancen, vorausgesetzt, es findet neben einer ganzheitlichen Kundenausrichtung mit gleichzeitiger Fokussierung auf Kernkompetenzen die Nutzung effektiver Marketing-Methoden statt (vgl. Seiwert/Thunig 2003, S. 34; Schmiedeknecht 1993, S. 121). Die Frage nach der Relevanz der Markenpolitik als Marketing-Methode für den deutschen Maschinenbausektor stellt im Rahmen dieser Untersuchung eine besondere Herausforderung dar. Als Basis für die weitere Untersuchung markenrelevanter Aspekte werden im Folgenden ausgewählte Forschungsansätze zur Markenthematik im Industriegüterbereich in den Fokus der Betrachtung gezogen.

---

[27] Maßgeschneiderte Kundenlösungen drücken den Pro-Kopf-Umsatz auf rund 212 500 Euro (vgl. VDMA).

[28] In 18 von 30 international vergleichbaren Fachzweigen, wie z. B. Antriebs- und Fördertechnik, ist der deutsche Maschinenbau sogar Weltmarktführer (vgl. VDMA 2009).

[29] Zu den Ergebnissen der Studie vgl. ausführlicher Deraed 2003.

3 Entwicklung eines theoretischen und empirischen Modells zur Analyse der Markenrelevanz in der Maschinenbaubranche

3.1 State-of-the-Art der Markenthematik im Industriegüterbereich

3.1.1 Ausgewählte Forschungsbeiträge zur Relevanz der Marke

Zweck der Literaturbestandsaufnahme ist es, einen strukturierten Überblick über wissenschaftliche Ansätze zu liefern und somit als Grundlage im Hinblick auf die nachfolgende Untersuchung zu dienen (vgl. Richter 2007, S. 11).[30] Durch die Betrachtung ausgewählter Forschungsbeiträge soll geprüft werden, inwieweit sich wichtige Erkenntnisse für den Untersuchungsgegenstand dieser Untersuchung gewinnen lassen.

Aus Sicht der Praxis wird seit Jahren verstärkt auf die Bedeutung der Industriegütermarke hingewiesen (vgl. Homburg et al. 2006, S. 282). Es existieren bereits erste Studien,[31] welche die grundsätzliche Relevanz von Marken im B2B-Bereich empirisch untersuchen.[32] Im Gegensatz zu der steigenden Praxisbedeutung vernachlässigt die Lehrbuchliteratur diesen Bereich weitgehend (vgl. Douven/Baumgarth 2008, S. 189; Donnevert 2009, S. 3). Das Thema „Industriegütermarke" weist sowohl in den Lehrbüchern zur Markenführung als auch zum Industriegütermarketing nur eine sehr geringe Bedeutung auf (vgl. hier und im Folgenden Baumgarth/Douven 2006, S. 136f.; Backhaus et al.

---

[30] Dies beinhaltet sowohl das Aufzeigen theoretischer Bezugspunkte als zentrale Basis für die Entwicklung des Untersuchungsmodells und -hypothesen zur Beantwortung der Forschungsfragen (vgl. Abschnitt 3.2), als auch die Darstellung grundlegender Aspekte bzgl. der empirischen Erhebung, die zur Überprüfung der entwickelten Hypothesen im Rahmen dieser Untersuchung durchgeführt wird (vgl. Abschnitt 3.3).

[31] Prominentes Pionierbeispiel hierfür ist die von der Brand Trust Markenstrategie-Beratung 2007 zum ersten Mal im deutschsprachigen Raum durchgeführte Studie „B2B-Marken in der Praxis" (vgl. Willhardt 2008, S. 32f.). Befragt wurden 67 Einkäufer und Verkäufer (Kunden- und Lieferantenperspektive) der Maschinenbaubranche sowie 134 Personen in entsprechenden Positionen der Automobil- und Chemiebranche. Das Ziel der Studie war es u. a. herauszufinden, welche Kriterien die Kaufentscheidung beeinflussen und wie diese von B2B-Marken erfüllt werden (vgl. Gietl 2008). Demzufolge treffen die Einkäufer Entscheidungen vorrangig nach den Sicherheitskriterien *Qualität*, *Garantie* und *Zuverlässigkeit*, sehen aber diese bei ihren Lieferanten nur unzureichend erfüllt. Für die Verkäufer sind es v. a. die Beziehungsklassiker *Flexibilität* und *Kompetenz* die kaufentscheidenden Kriterien. Einig sind sich die beiden Gruppen hingegen in der Bewertung von Leistungsaspekten: Sie sind Selbstverständlichkeiten, die bestenfalls bei Innovation und Spezialisierung Entscheidungseinfluss ausüben (vgl. hierzu ausführlicher Willhardt 2008, S. 36). Dabei führt der Maschinenbau mit fast der Hälfte an erfüllten Kundenkriterien den Branchenvergleich an (vgl. Willhardt 2008, S. 34). Im Hinblick auf die Industriegütermarke sind 88% der befragten Maschinenbauer überzeugt, dass sie einen wichtigen Beitrag zum Unternehmenserfolg leistet, jedoch sind die Unternehmen „weit davon entfernt, sich wie eine Marke zu verhalten" (vgl. o. V. 2007; Gietl 2008).

[32] Darüber hinaus belegen diverse in den letzten Jahren in der Praxis etablierte Preisverleihungen wie die „Business Superbrands" und der „BoB" (Best of Business-to-Business) die steigende Relevanz von Industriegütermarken (vgl. Baumgarth/Douven 2006, S. 137).

2004, S. 41).[33] Dagegen zeigen wissenschaftliche Forschungsbeiträge, die überwiegend in Zeitschriften, Arbeitspapieren und Dissertationen erschienen und deren Notwendigkeit und Sinnhaftigkeit in der Literatur unumstritten sind, ein deutlich steigendes Interesse an der B2B-Marke.[34] In diesen Beiträgen geht es u.a. um die Beantwortung zweier Fragen: Zum einen, ob Marken im Industriegüterbereich überhaupt von Relevanz sind, und zum anderen nach den Faktoren, die das Ausmaß der Markenrelevanz im B2B-Bereich beeinflussen (vgl. Richter 2007, S. 19). Nachfolgend werden einige wichtige Forschungsansätze, auf denen diese Studie basiert, mit ihren wesentlichen Inhalten in chronologischer Reihenfolge dargestellt.

Als eine der ersten wissenschaftlichen Arbeiten zur Markenrelevanz ist die branchenübergreifende Studie von *Shipley* und *Howard* (1993) zu nennen. Im Rahmen einer Befragung von 135 Industriegüteranbietern in Großbritannien kommen die Forscher zu der Erkenntnis, dass Marken im B2B-Bereich von großer Bedeutung sind (vgl. Shipley/Howard 1993, S. 65).[35] Ebenfalls stellen die Autoren fest, dass Marken u. a. Produktidentitäten schaffen, die Kaufentscheidung der Kunden vereinfachen und einen wesentlichen Beitrag für den gesamten Marketingerfolg leisten. Dabei messen größere Unternehmen Marken eine höhere Bedeutung bei als kleinere Unternehmen (vgl. Shipley/Howard 1993, S. 63).

Hutton (1997) weist im Rahmen einer Befragung von 429 industriellen Einkäufern in Nordamerika nach, dass je bekannter eine Marke ist, desto ausgeprägter markenspezifische Verhaltensweisen der B2B-Kunden sind. So sind die Käufer bspw. bereit, eine höhere Preisprämie für eine bekannte Marke zu zahlen und sie weiterzuempfehlen (vgl. Hutton 1997, S. 435f.). Die Ergebnisse der Studie heben die Bedeutung der Marke insbesondere in solchen Kaufsituationen hervor, die durch ein hohes persönliches und organisationales Risiko, hohe Produktkomplexität, Zeitdruck sowie Ressourcenmangel gekennzeichnet sind (vgl. Hutton 1997, S. 436).

---

[33] In den meisten Publikationen wird auf das Thema „Industriegütermarke" sogar vollständig verzichtet (vgl. Baumgarth/Douven 2006, S. 137).

[34] *Baumgart* und *Douven* identifizieren im Rahmen einer Literaturanalyse zur inhaltlichen Auseinandersetzung mit B2B-Marken sieben Inhaltskategorien der Bearbeitungsintensität. Dabei stellt der „Markenaufbau" mit 36,8% das am häufigsten behandelte Themengebiet dar. Die Themenfelder „Markenwirkung", „Controlling" und „Implementierung" folgen mit einem deutlichem Abstand: 14,6%, 13,2% und 11,8%. „Markenspezifika", „Markenrelevanz" und „Markenentwicklung" gehören dagegen mit 9,7%, 7,6% und 6,3% verhältnismäßig zu den wenig bearbeiteten Themenbereichen (vgl. Baumgarth/Douven 2006, S. 147f.).

[35] Allerdings stellt *Krämer* in diesem Zusammenhang relativierend fest, dass die Produktmarkierung lediglich 5% der Marketingaktivitäten von Industriegüterherstellern ausmacht (vgl. Krämer 1993, S. 313 sowie S. 438).

In eine ähnliche Stoßrichtung gehen die Ergebnisse von *Mudambi, Doyle* und *Wong* (1997). Durch die Telefoninterviews mit 15 Herstellern, Händlern und Einkäufern von Präzisionsanlagen in Großbritannien kommen sie zum Schluss, dass auch bei rational geprägten Entscheidungen immaterielle Produkt- und Anbietereigenschaften Entscheidungsrelevanz aufweisen (vgl. Mudambi et al. 1997, S. 444f.). Besonders in Industriegütermärkten, in denen eine Differenzierung über Produkt und Preis häufig nicht mehr möglich ist, gewinnt der Markenaufbau an Bedeutung. Die Autoren konstatieren: „The potential power of industrial brands is great, but remains largely unexplained and untapped" (Mudambi et al. 1997, S. 445).

Den bisher umfassendsten empirischen Ansatz bzgl. der zentralen Einflussfaktoren der Markenrelevanz liefern *Caspar, Hecker* und *Sabel* (2002). Im Rahmen einer Befragung von 600 Einkäufern identifizieren sie als generelle Dimensionen der Markenrelevanz die drei Kernfunktionen einer Marke: Informationseffizienz, Risikoreduktion und ideeller Nutzen (vgl. Caspar et al 2002, S. 13f.; Abschnitt 2.1.2). Da der Nutzen dieser Funktionen entscheidend durch den Kontext eines Produktmarktes beeinflusst wird, untersuchen die Autoren in einem weiteren Schritt den Zusammenhang zwischen marktspezifischen Kontextfaktoren und den einzelnen Markenfunktionen. Dabei unterscheiden sie vier Gruppen von Kontextfaktoren: leistungsbezogene (z. B. Preis und Komplexität einer Leistung), Buying-Center-bezogene (z. B. Anzahl der Entscheider), kaufprozessbezogene (z. B. Beschaffungskomplexität) und umfeldbezogene Einflussvariablen, wie z.B. Anzahl der Hersteller und technologische Dynamik (vgl. Caspar et al. 2002, S. 30f.). Mit ihrer Studie beweisen die Autoren, dass die Kontextfaktoren einen signifikanten Einfluss auf die einzelnen Markenfunktionen ausüben und damit die Bedeutung der Marke in einem bestimmten B2B-Markt determinieren.[36]

Hinweise auf weitere Einflussfaktoren der Markenrelevanz im B2B-Bereich lassen sich aus der Untersuchung von *Mudambi* (2002) erschließen, bei der 132 industrielle Einkäufer von Präzisionslagern befragt wurden. Dieser Studie nach ist der Ausgangspunkt eines jeden Markenmodells die Annahme, dass Marken den Nachfragern einen Nutzen stiften und ein Bedürfnis der Käufer bzgl. dieser Markennutzen (bzw. Markenfunktio-

---

[36] Bzgl. des Markennutzens weist die Risikoreduktion die höchste Ausprägung auf, dicht gefolgt von der Steigerung der Informationseffizienz. Die beiden Funktionen sind insbesondere bei komplexen Produkten wie Schaltanlagen und Werkzeugmaschinen wichtig. Der ideelle Nutzen ist dagegen deutlich geringer ausgeprägt. Bei der ideellen Nutzenstiftung haben v.a. solche Industriegütermarken Wirkung, die besonders gut sichtbar für die verschiedenen Stakeholder wie z. B. Mitarbeiter und Kunden sind (vgl. Caspar et al. 2002, S. 43f.).

nen) vorliegt (vgl. Mudambi 2002, S. 528f.).[37] Die Markenfunktionen beeinflussen je nach Kauf- und Käufereigenschaften[38] die Wichtigkeit des Kaufkriteriums Marke. Die Markenrelevanz wiederum wirkt auf den Kaufprozess und die finale Kaufentscheidung. Die Ergebnisse zeigen, dass die wahrgenommene Bedeutung der Marke über Unternehmen und Kaufsituationen hinweg variiert. Ferner stellt die Autorin unter Anwendung einer Clusteranalyse fest, dass v. a. Einkäufer, die wichtige und riskante Käufe tätigen, für Marken besonders empfänglich sind (vgl. Mudambi 2002, S. 531).

Ähnlich fallen die Ergebnisse der Conjoint-Analyse von *Homburg, Jensen* und *Richter* (2006) aus. Im Zuge einer branchenübergreifenden Befragung von 51 industriellen Einkäufern stellen sie fest, dass die Relevanz von Industriegütermarken für das Kaufverhalten in solchen Beschaffungssituationen besonders hoch ausgeprägt ist, die für den Kunden wichtig und neuartig sind (vgl. Homburg et al. 2006, S. 281).

In Anknüpfung an die früheren Studien untersucht *Richter* (2007) die Bedeutung und das Management von Marken in 313 Industriegüterunternehmen (vgl. Richter 2007, S. 79). Er zeigt, welche Kontextfaktoren die Relevanz von Industriegütermarken beeinflussen und weist u.a. nach, dass erfolgreiche B2B-Marken den Unternehmenserfolg von Industriegüterherstellern nachhaltig verbessern können.

Zuletzt zeigt *Donnevert* (2009) im Rahmen einer Online-Befragung von 3865 Endverbrauchern aus dem Konsumgüterbereich und 644 Einkäufern aus dem Industriegüterbereich, dass die Transformation eines einstellungsbezogenen Markenwerts in den ökonomischen Markenwert nicht in allen Produktmärkten gleich erfolgreich ist (vgl. Donnevert 2009). Als Grund hierfür wird die Variation des Markeneinflusses auf die Kaufentscheidungen der Nachfrager zwischen den verschiedenen Produktmärkten genannt.[39]

Die zentralen Kernaussagen der betrachteten Studien sind zusammenfassend in der Tab. 3 dargestellt.

---

[37] Der Ansatz von Mudambi stimmt bzgl. der Markennutzen als Determinanten der Markenrelevanz mit dem von Caspar et al. überein. Allerdings beeinflussen hier die Markenfunktionen die Markenrelevanz indirekt über die Kauf- und Einkäufercharakteristika (vgl. Mudambi 2002, S. 528).

[38] Als häufigste Käufereigenschaft stellt die Autorin „branding receptiveness" (Markenempfänglichkeit) fest, welche mit *Kapferers* und *Laurents* „Markensensibilität" gleichzusetzen ist (vgl. Kapferer/Laurent 1988, S. 13f.). Die anderen beiden Kundencluster sind „high tangible" und „low interest" (vgl. Mudambi 2002, S. 530).

[39] Im B2B-Produktmarkt für Buchbindemaschinen konnte Donnevert empirisch nachweisen, dass der Risikoreduktionsnutzen am stärksten die Markenrelevanz beeinflusst. Einen ebenfalls signifikanten Einfluss auf die Bedeutung der Marke üben Vertrauens- und Prestigenutzen aus. Für die Nutzenarten: Informationseffizienz-, Konsensfindungs- und Rechtfertigungsnutzen konnte dagegen kein signifikanter Einfluss festgestellt werden (vgl. ausführlicher Donnevert 2009, S. 212f.).

Autor(en)	Empirische Analysemethoden	Zentrale Ergebnisse
Shipley/Howard (1993)	t-Tests, χ^2-Tests	• Marken sind im B2B-Bereich wichtig. • Größere Unternehmen messen den Marken tendenziell eine höhere Bedeutung bei als kleinere Unternehmen.
Hutton (1997)	Mittelwertvergleiche, Korrelationsanalyse	• B2B-Käufer entscheiden sich insbesondere dann für bekannte Marken, wenn: - das Produkt komplex ist, - der Käufer unter Zeitdruck steht, - hohes Service-Bedürfnis vorliegt.
Mudambi/Doyle/ Wong (1997)	-	• Markenbedeutung ist in solchen Märkten besonders hoch, in denen es schwierig ist, sich über Produktqualitäten oder Preise zu differenzieren.
Caspar/Hecker/ Sabel (2002)	Exploratorische und konfirmatorische Faktorenanalyse	• Industriegütermarken haben Einfluss auf den Kaufentscheidungsprozess. • Ausmaß der Markenrelevanz variiert über die jeweiligen Produktmärkte. • Markenbedeutungsunterschiede sind u. a. auf folgende Kontextfaktoren zurückzuführen: - Anzahl der Hersteller im Markt, - Beschaffungskomplexität, - Anzahl der Entscheider, - öffentliche Markenwahrnehmung.
Mudambi (2002)	Clusteranalyse	• Marken sind nicht für alle Kunden von gleicher Relevanz. • Bei wichtigen und riskanten Käufen ist die Markenrelevanz besonders ausgeprägt.
Homburg/Jensen/ Richter (2006)	Conjoint-Analyse	• Marken haben eine kaufverhaltenswirksame Bedeutung im Industriegüterbereich. • Markenrelevanz ist besonders hoch in Kaufsituationen, die für den Kunden wichtig und neuartig sind.
Richter (2007)	Exploratorische und konfirmatorische Faktorenanalyse	• Identifikation der Einflussfaktoren auf die Markenrelevanz: Anbieter-, Marktumfeld-, Kunden- und Produktmerkmale. • Erfolgreiche Industriegütermarken verbessern nachhaltig den Unternehmenserfolg von Industriegüterherstellern.
Donnevert (2009)	Exploratorische und konfirmatorische Faktorenanalyse	• Der Einfluss der Marke auf die Kaufentscheidungen variiert zwischen den Produktmärkten.

Tab. 3: Ausgewählte Forschungsbeiträge zur Relevanz der Industriegütermarke
Quelle: Eigene Darstellung in Anlehnung an Richter 2007, S. 16f.

3.1.2 Kritische Beurteilung der vorliegenden Ansätze

Zusammenfassend lässt sich konstatieren, dass die Arbeiten tendenziell auf eine steigende Markenrelevanz hindeuten.[40] Diese hohe Relevanz wird jedoch nicht für den gesamten Industriegüterbereich proklamiert. Vielmehr ist die Markenbedeutung in Abhängigkeit mit ihrem spezifischen Marktkontext und ihren Rahmenbedingungen[41] zu sehen (vgl. Bausback 2007, S. 69; Abschnitt 2.1.3). Die Ergebnisse der Studien zeigen außerdem, dass die Marke im B2B-Bereich vor allem bei der Reduktion des Risikos eine wichtige Rolle spielt (vgl. Backhaus et al. 2002, S. 52; Donnevert 2009; Büschken 1997, S. 193).[42] Insgesamt wird mit den Studien ein analytisch fundiertes und empirisch validiertes Instrumentarium vorgestellt, das die Messung der Markenrelevanz auf einem spezifischen B2B-Markt und somit die Ableitung strategischer Handlungsoptionen für die Industriegüteranbieter möglich macht (vgl. Schröder/Perrey 2002, S. 32).

Ein wesentliches Defizit der Forschungsarbeiten ist hingegen darin zu sehen, dass es oft an einer integrativen Analyse verschiedener Einflussfaktoren der Markenrelevanz mangelt. In den wenigen, existierenden Arbeiten werden bestimmte Einflussbereiche komplett ausgeblendet. Dies gilt insbesondere für die Studie von *Caspar et al.*, in der mögliche Aktivitäten bzw. Merkmale des Anbieters keine Beachtung finden (vgl. hier und im Folgenden Richter 2007, S. 22). Schließlich beeinflussen auch die markenpolitischen Aktivitäten des Industriegüterherstellers die Entscheidung der Käufer und wirken sich damit auf die Intensität der Markenrelevanz. Kritisch zu bemerken ist weiterhin, dass ein Großteil der Arbeiten sich entweder gänzlich auf die Anbieter- oder jedoch nur auf die Nachfragerperspektive fokussiert. Eine Integration beider Sichtweisen findet eher selten statt (vgl. Mudambi et al. 1997; Mudambi 2002). Außerdem sind die Studien zum großen Teil branchenübergreifend konzipiert. Eine gezielte Untersuchung mit dem Fokus auf eine bestimmte Branche im Industriegüterbereich, die die Heterogenität dieses

---

[40] *Backhaus* und *Sabel* stellen jedoch in diesem Zusammenhang relativierend fest, dass nur wenige wissenschaftliche Studien der Marke eindeutig eine hohe Relevanz attestieren. Aufgrund der wachsenden, aber immer noch geringeren Anzahl an empirischen Arbeiten sowie der Übersicht der dort gefundenen Erkenntnisse folgt zwangsläufig, dass „aus wissenschaftlicher Perspektive von einem Markenhype im Industriegüterbereich nicht die Rede sein kann" (Backhaus/Sabel 2004, S. 785; Homburg et al. 2006, S. 283).

[41] Damit werden Veränderungen im B2B-Kontext gemeint, die die Markenrelevanz beeinflussen (vgl. Bausback 2007, S. 71). In diesem Zusammenhang sind u. a. eine zunehmende Leistungshomogenität, Komplexität und Preisdruck zu nennen (vgl. Webster 1993, S. 203).

[42] Während im B2B-Bereich die Risikoreduktion dominiert, stellt im Konsumgüterbereich der ideelle Nutzen die wichtigste Funktion dar. Die Ursache dafür liegt in den unterschiedlichen Kaufprozessen dieser Segmente (vgl. Backhaus et al. 2002, S. 52).

B2B-Bereichs adäquat abbildet, fehlt bislang vollständig. Demzufolge sind trotz wichtiger empirischer Studien in Bereichen der jungen Markenrelevanz-Forschung noch Lücken evident, welche weitere Forschung als notwendig erscheinen lassen (vgl. Donnevert 2009, S. 36).

Baumgarth und *Douven* fordern die gegenwärtige Forschung daher auf, auf der Basis bestehender Typologien, Hypothesen über den Einfluss des Branchenkontextes zu spezifizieren und empirisch zu überprüfen (vgl. hier und im Folgenden Baumgarth/Douven 2006, S. 154). Zur Realisierung dieser Forderung schlagen sie vor allem zwei Vorgehensweisen vor: explizite Modellierung des Einflusses des Branchenkontextes auf der Basis von Leistungstypologien (vgl. Abschnitt 2.1.1 und 2.2.1) oder die Replikation bestehender Studien in anderen Industriezweigen zur Überprüfung eines spezifischen Branchenkontextes.

Alle diese Gründe machen die Entwicklung eines integrativen Modells zur Relevanz der Marke in einem speziellen B2B-Bereich notwendig. Dazu werden die Erkenntnisse aus den vorliegenden Forschungsarbeiten sowie aus den Themenfeldern, die in den theoretischen Grundlagen vorgestellt wurden, im folgenden Abschnitt zusammengetragen und in einen Bezugsrahmen integriert.

3.2 Entwicklung eines konzeptionellen Bezugsrahmens

Ein Bezugsrahmen soll dazu dienen, die Konzeption der Untersuchung mit all ihren Konstrukten und möglichen Zusammenhängen grob darzustellen und in ein Ganzes einzuordnen (vgl. Wolf 2003, S. 30). Ziel ist es, den weiteren Forschungsprozess und damit die Vorgehensweise der vorliegenden Studie zu strukturieren.[43]

Als Grundlage für den konzeptionellen Bezugsrahmen dieser Untersuchung dient das klassische **SOR-Paradigma**,[44] das seinen Ursprung in der verhaltensorientierten, empirischen Konsumentenforschung nimmt (vgl. Kroeber-Riel et al. 2009, S. 17).

---

[43] Mit anderen Worten besteht die zentrale Funktion eines konzeptionellen Rahmens in der Strukturierung der komplexen Realität, der Leitung explorativer Untersuchung sowie der anschließenden Stützung generierter Untersuchungshypothesen (vgl. Kutz 2004, S. 119).

[44] Das Verhalten lässt sich danach durch das Einwirken von Umwelteinflüssen (Reize bzw. *Stimuli*) auf den Nachfrager (*Organismus*) erklären. Die beobachtbaren Reize der Umwelt werden unter der Berücksichtigung von nicht beobachtbaren, psychischen Prozessen wie Einstellung, Präferenzen, Involvement etc. vom Organismus verarbeitet und erzeugen eine beobachtbare Reaktion (*Response*), wie z.B. Kauf (vgl. Kroeber-Riel et al. 2009, S. 17; Backhaus 1998, S. 42).

Das SOR-Paradigma stellt einen allgemeinen Rahmen dar und wird in verschiedenen Kontexten angewandt (vgl. Bausback 2007, S. 109). Gemessen an Veröffentlichungen in der einschlägigen Marketing-Literatur kann ein typischer situativer Kontext durch vier Merkmale beschrieben werden: *Einzelkundenperspektive, Massenmärkte, Individualkaufentscheidungen* und *Kaufaktbetrachtung* (vgl. hier und im Folgenden Backhaus 1998, S. 42f.). Der beschriebene Kontext trifft jedoch in einem geringen Maße auf Markttransaktionen bei klassischen Industriegütern zu, wie z.B. Kauf einer Großanlage oder komplexer technischer Systeme. Mit dem Fokus auf den Industriegüterbereich ist im Folgenden ein Perspektivenwechsel vorzunehmen.

Zunächst liegt es nahe, die Einzelkundenperspektive durch die im B2B-Bereich charakteristische *Interaktionsperspektive* zu substituieren. Demnach führt die Reaktion des Käufers wiederum zur Reaktion auf der Anbieterseite. Es kommt also zu gegenseitigen Beeinflussungsprozessen, die das Transaktionsverhalten der Marktteilnehmer verändern (vgl. Backhaus 1998, S. 49).[45] In einem nächsten Schritt ist der Massenmarkt auf einen *spezifischen Marktbereich* zu reduzieren. So ist der Markt bzgl. möglicher Kunden eher klein und überschaubar (vgl. Caspar et al. 2002, S. 21; Kemper 2000, S. 43; Merbold 1995, S. 414). Anschließend ist das Merkmal Individualentscheidung durch die Betrachtung von *Gruppenkaufentscheidungen* sowie die Ergänzung der Kaufaktbetrachtung um eine *Kaufentscheidungsprozessanalyse* zu erweitern (vgl. Backhaus 1998, S. 43).

Der Bezugsrahmen muss weiterhin den Fokus auf die Bedeutung der Marke in einem spezifischen B2B-Bereich widerspiegeln. Eine spezifische Verwendung des SOR-Paradigmas in Bezug auf die Markenrelevanz im Industriegüterbereich konnte nicht gefunden werden. Nach *Mudambi* determiniert sich jedoch die Relevanz einer Industriegütermarke in den Reaktionen der organisationalen Nachfrager, die sich zum einen in internen, nichtsichtbaren Entscheidungsprozessen und zum anderen in sichtbaren Reaktionen in Form von Akzeptanz oder Ablehnung der Markenbedeutung im Rahmen einer Kaufentscheidung äußern (vgl. Mudambi 2002, S. 528).

Für die Erklärung der Markenrelevanz ist die Identifikation ihrer Determinanten notwendig (vgl. Caspar et al. 2002, S. 12). Die in Abschnitt 3.1.1 betrachteten Arbeiten zur Relevanz von Industriegütermarken leisten hierfür einen wertvollen Beitrag. So gehen aus den wissenschaftlichen Studien konkrete Hinweise auf zentrale Einflussfaktoren der

---

[45] Zu bemerken ist, dass eine isolierte Betrachtung des Interaktionsansatzes im Rahmen des Industriegütermarketings nicht ausreichend ist. Erst eine Integration von Interaktionsansatz und SOR-Paradigma erlauben eine umfassende Beschreibung des Industriegütermarketings (vgl. Plinke 1991, S. 176f.).

Markenrelevanz im Industriegüterbereich hervor.[46] In Anlehnung an die bestehende Forschung kann die Bedeutung von Industriegütermarken grundsätzlich durch Kontextfaktoren aus folgenden fünf Bereichen beeinflusst werden (vgl. Caspar et al. 2002; Richter 2007):

- Merkmale des *Marktes* (z. B. technologische Dynamik),

- Merkmale des *Produkts* (z. B. Komplexität),

- Merkmale des *Kaufs* (z. B. Neuartigkeit des Kaufs),

- Merkmale der *Käufer* (z. B. Größe des Buying Centers),

- Merkmale der *Anbieter* (z. B. Internationalisierungsgrad).

Im SOR-Zusammenhang werden Produkt-, Markt- und Anbietermerkmale als Reize[47] verstanden, die durch ihren Einfluss auf die Markenbedeutung auch die Entscheidungsprozesse im Buying Center beeinflussen. Die Produkt- und Anbietermerkmale beschreiben die Anbieterpespektive. Kauf- und Käufermerkmale sind dagegen der Nachfragerseite zuzuordnen und somit in einem weiteren Sinne als Organismus zu verstehen.

Die dargestellten Zusammenhänge werden in dem entwickelten Bezugsrahmen visuell verdeutlicht (vgl. Abb. 5).

---

[46] In den Arbeiten von *Caspar/Hecker/Sabel* und *Donnevert* wird die Markenrelevanz in einem Produktmarkt unmittelbar von den Funktionen einer Marke beeinflusst, die ihrerseits von den produktmarktspezifischen Kontextfaktoren abhängen (vgl. Caspar et al. 2002; Donnevert 2009; Abschnitt 3.1.1). Im Rahmen dieser Untersuchung wird jedoch auf eine explizite Prüfung der Markenfunktionen verzichtet, da sich der Einfluss der Markenfunktionen auf die Markenrelevanz implizit durch die Kontextfaktoren abbilden lässt (vgl. Richter 2007, S. 75; Abschnitt 3.3.2).

[47] Reize bzw. Stimuli (S) lassen sich auch bei industriellen Käufern in innere und äußere Reize kategorisieren (vgl. Solomon 2004, S. 404). Innere Reize sind bspw. gedankliche Aktivitäten oder auch die Berufserfahrung. Äußere Reize können hingegen aus der physischen Umwelt (z. B. Gebäude, Produkt), nicht kontrollierbaren Umwelt (z. B. Komplexität, Dynamik) und der Unternehmensumwelt (z. B. Unternehmen, Kollegen) entstehen (vgl. Bausback 2007, S. 18).

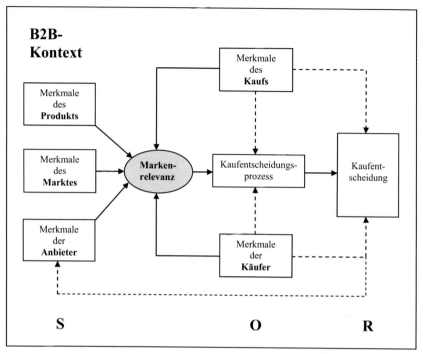

Abb. 5: Konzeptioneller Bezugsrahmen
Quelle: Eigene Darstellung

Ergänzend ist anzumerken, dass eine vollständige Betrachtung aller Modelltatbestände und –zusammenhänge nachstehend nicht das Ziel ist, da dies sonst den Rahmen dieser Untersuchung sprengen würde. Vielmehr liegt der Fokus auf der branchenbezogenen Analyse des Einflusses der Modellvariablen auf die Markenrelevanz. Dazu werden im folgenden Kapitel das Konstrukt der Markenrelevanz im Kontext der Maschinenbau-branche zusammen mit den fünf aufgezeigten Merkmalskategorien beschrieben und erklärt.

3.3 Ausgestaltung des Bezugsrahmens

3.3.1 Integration der Markenpolitik im deutschen Maschinenbau

Wie kaum ein anderes Thema hat die Markenpolitik einen ausgeprägten strategischen und ganzheitlichen Ansatz (vgl. Behlke 2002, S. 21). Dies beinhaltet insbesondere die

Beachtung der Interaktionsbeziehungen zwischen Nachfrager- und Anbieterunternehmen. Die Berücksichtigung der Perspektiven beider Marktteilnehmer ist daher eine grundlegende Voraussetzung für die Entwicklung eines effizienten Marketing-Konzeptes (vgl. hier und im Folgenden Kapitza 2004, S. 1107).

Die Nachfragerperspektive ist dabei für jedes Unternehmen zentral, da die Kunden die wichtigste Umsatzquelle eines Anbieters repräsentieren und ihre Bedürfnisse[48] ein maßgebliches Kriterium für Unternehmensentscheidungen darstellen (vgl. Mudambi 2002, S. 527f.). Folglich sind Markenrelevanz und –management im industriellen Bereich zu allererst von den Zielgruppen abhängig, die die aktuellen und potentiellen Abnehmer der Leistung bilden. Die Vorstellungen, Anforderungen und Erwartungen der Kunden weisen dabei die Richtung von Markeneinsatz und –entwicklung (vgl. Merbold 1993, S. 578).

Um zu verdeutlichen, welche Wirkungen eine Marke auf gewerbliche Kaufentscheidungen haben kann, sei beispielhaft an einer Besonderheit des Beschaffungsprozesses diskutiert. So ist der organisationale Kaufprozess laut weit verbreiteter Meinung rein rational geprägt (vgl. Wiedmann/Schmidt 1997, S. 12; Büschken 1997, S. 192; Abschnitt 2.1.1).[49] Entscheidend für eine Kaufentscheidung sind allein Technik und Preis sowie ggf. produktbegleitende Dienstleistungen (vgl. Baumgarth/Haase 2005, S. 47; Kemna 1993, S. 129; Schröter 1993, S. 335).

Dennoch ist die Beschaffung von Industriegütern oft emotionaler, als angenommen wird (vgl. Pförtsch/Schmid 2005, S. 462). Statt einer streng rationalen Entscheidungsfindung treten ebenso subjektive, emotionale Momente, wie z.B. qualitative Anmutung, Sympathie, Identifikation und Image auf (vgl. hier und im Folgenden Kemper/Bacher 2004, S. 36). Einflusspotenziale existieren dabei durch die Buying-Center-Mitglieder als Individuen, deren Rationalität aufgrund einer selektiven Wahrnehmung und Verarbeitung von

---

[48] Dabei ist ein Kundenbedürfnis der artikulierbare Wunsch der Kunden nach einer bestimmten Leistung oder einem bestimmten Produkt. Diesem Bedürfnis liegt oft eine sehr komplexe Motivkonstellation zugrunde, die in der Wahrnehmung eines Problems begründet wird (vgl. Schneider 2002, S. 27). So kommt die Motivation zum Kauf einer Anlage dadurch zustande, dass ein anstehendes Problem im Rahmen eines kognitiven Vorgangs wahrgenommen und daraufhin ein Beschaffungsbedürfnis ausgelöst wird (vgl. Fitzgerald 1989, S. 69).

[49] Zu bemerken ist an dieser Stelle, dass die Existenz von irrationalen Entscheidungskriterien und informellen Entscheidungsstrukturen im B2B-Bereich grundsätzlich nicht geleugnet wird, sie findet aber aufgrund unzureichender empirischer Fundierung kaum Beachtung (vgl. Schröter 1993, S. 333; von der Oelsnitz 1995, S. 254).

Informationen begrenzt ist (vgl. Bausback 2007, S. 2).[50] So ist es bei dem unüberschaubaren Angebot, hohen Zeitdruck und einer hohen technischen Produktkomplexität, für den Kunden oft schwer oder sogar unmöglich, alle notwendigen Informationen zu erhalten und eine objektive Vergleichbarkeit herzustellen (vgl. Hundsdörfer 2002, S. 23; Behlke 2002, S. 21; Simon 1994, S. 29).

Genau hier setzt das Image einer Marke an, indem es Vertrauen vermittelt, Orientierung vorgibt, von komplizierten Überprüfungen entlastet und damit die vom Kunden wahrgenommenen Risiken reduziert (vgl. Barten 2006, S. 62). Die Marke kann dabei unterschiedlich im Kaufprozess wirken. So können bekannte Marken bei Investoren Aufmerksamkeit für Problemlösungen schaffen und Beschaffungen initiieren, bei der Informationssuche die Wahrnehmung lenken und eine Aufnahme des Angebots als Alternative im Kaufprozess fördern sowie die Präferenzen einzelner BC-Mitglieder beeinflussen (vgl. Kemper/Bacher 2004, S. 37). Die Marke übt somit einen wesentlichen Einfluss auf die Kaufentscheidung aus (vgl. Behlke 2002, S. 22).[51] Außerdem ist die Marke auch in der Maschinenbauindustrie ein Sinnbild für Qualität, Verfügbarkeit und Prestige (vgl. hier und im Folgenden Thomin 2007, S. 96). Der Nutzer von namenhaften Produkten hat höhere Erwartungen und ist daher bereit, einen höheren Preis zu zahlen (vgl. Hundsdörfer 2002, S. 23).

Nachdem die kaufbeeinflussenden Wirkungen der Marke aus der Kundenperspektive betrachtet wurden, ist nunmehr die Anbieterseite in den Fokus der markenpolitischen Überlegungen zu nehmen. Dabei wird dem identitätsorientierten Ansatz des Markenmanagements gefolgt, dessen integrative Ausrichtung eine hohe Bedeutung im B2B-Bereich besitzt (vgl. Willrodt 2004, S. 4). Ausgegangen wird von dem Verständnis, dass die hohe Kaufverhaltensrelevanz der Marke ihrerseits auf eine starke Markenidentität zurückzuführen ist (vgl. Binckebanck 2006, S. 21).

Aus der Anbieterperspektive steht die Marke primär für eine erfolgreiche Profilbildung des Herstellers (vgl. Barten 2006, S. 62; Kemper/Bacher 2004, S. 37). Hierbei geht es darum, eine nachhaltige Markenidentität aus Sicht der internen Zielgruppen zu erzeugen

---

[50] Die an sich triviale Erkenntnis, dass das Marketing im B2B-Bereich sich letztlich nicht an „juristische Personen", sondern an „Menschen" richtet, wird in der Industriegüterpraxis oft übersehen (vgl. von der Oelsnitz 1995, S. 254).

[51] Laut einer VDMA-Untersuchung von 2001 haben die teilnehmenden Unternehmen den Einfluss der Marke auf die Kaufentscheidung der Kunden als überdurchschnittlich beurteilt, wobei dem zukünftigen Einfluss noch größere Bedeutung prognostiziert wurde (vgl. Behlke 2002, S. 22).

(vgl. Burmann/Meffert 2005, S. 49).[52] Die Markenidentität beinhaltet die essenziellen und wesensprägenden Merkmale einer Marke und determiniert, wofür diese stehen soll (vgl. Burmann/Maloney 2006, S. 21).

Zu den Kriterien der Identität zählt u.a. die wahrgenommene Einzigartigkeit der mit einer Marke verbundenen Vorstellungen und Assoziationen (vgl. Simon 1994, S. 74).[53] Danach können Marken genau wie eine Person modern, gütig, zuverlässig, draufgänge-risch oder charmant sein und sich dabei wie ein Freund, Experte oder ein Genie geben. Dies gilt auch für eine Druckmaschine, Presse oder Fräse (vgl. Schröter 1993, S. 336f.; Sattler/Völckner 2007, S. 75f.). So präsentiert bspw. die KUKA Roboter GmbH auf der internationalen Leitmesse für Forst- und Holzwirtschaft 2009 in Hannover ihre neuen Produkte der Weltöffentlichkeit als „charmanten Hochstapler, dem nicht nur Frauen zu Füßen liegen" oder auch als „gut aussehenden Weltrekordler, der ganz alleine einen zentnerschweren Maibaum aufstellt" (o. V. 2009).

Diese emotionale Ausstrahlung, Persönlichkeit bzw. *Charakter* einer Marke bildet den Kern des Markenwesens (bzw. der Identität), das sich außerdem aus zwei weiteren Markendimensionen: *Substanz* und *Kompetenz* zusammensetzt (vgl. hier und im Folgenden Schröter 1993, S. 337; Simon 1994, S. 89; von der Oelsnitz 1995, S. 258).[54] Dabei beschreibt Substanz das konkrete Produkt mit seinen objektiv nachprüfbaren Merkmalen, wie z.B. Aussehen, Größe, technische Daten und Preis.[55] Ein besonders hoher Stellenwert in der Maschinenbaubranche kommt der Kompetenz zu.[56] Sie be-gründet das Vertrauen in die Leistungsfähigkeit und Zuverlässigkeit des Produktes, wie z.B. das Vertrauen in die dauerhafte Funktionsfähigkeit einer Maschine unter großen Belastungen und engen Qualitätsmaßstäben (vgl. Voeth/Rabe 2004, S. 83). Dabei gilt: Je stärker diese Dimensionen ausgeprägt sind, desto profilierter eine Marke und desto

---

[52] Markenidentität wird aus Sicht der identitätsbasierten Markenführung als eine Sonderform der Grup-penidentität (Selbstbild der internen Zielgruppen) verstanden (vgl. Burmann et al. 2003, S. 5). Hinge-gen ist die Wahrnehmung der Markenidentität als Markenimage (Fremdbild der externen Zielgruppen, hier: Kunden) zu interpretieren (vgl. Burmann/Maloney 2006, S. 23). Bei starken Abweichungen des internen Selbstbildes vom externen Fremdbild verliert eine Marke ihre Glaubwürdigkeit und somit ih-re Vertrauensbasis (vgl. Binckebanck 2006, S. 21). Im Idealfall soll demzufolge ein möglichst großer Fit zwischen dem Selbstbild und Fremdbild bestehen (vgl. Willrodt 2004, S. 67).

[53] Bspw. drückt der Markenname SIEMENS Beständigkeit, Seriosität und Vertrauen aus, die mit der genauen und gewissenhaften Leistung deutscher Arbeiter assoziiert werden (vgl. Kapferer 1992, S. 21).

[54] Zu den weiteren Ansätzen und Interpretationen der Markenidentität vgl. Aaker 1996, S. 176f., Kapfe-rer 1997, S. 99f. und Burmann/Meffert 2005, S. 49f.

[55] Dabei muss der faktische Produktnutzen den subjektiven Nutzenerwartungen entsprechen, das Pro-dukt muss also „das halten, was es verspricht" (vgl. von der Oelsnitz 1995, S. 258).

[56] Die Kompetenz, die den potentiellen Kunden von seiner überlegenen Problemlösungsfähigkeit über-zeugt, erwächst im Idealfall aus der Substanz und Persönlichkeit (vgl. von der Oelsnitz 1995, S. 258).

größer ihre Bedeutung für den Erfolg eines Unternehmens ist. Voraussetzung dafür ist, dass das Wesen der Marke erkannt und bewusst wahrgenommen wird (vgl. Schröter 1993, S. 337).[57]

Die Marke wird jedoch nur dann eine bestimmte Identität im Markt vermitteln, wenn auch ein Ziel definiert wird (vgl. Simon 1994, S. 73).[58] Mit einer klaren Botschaft und Ausrichtung verbunden, kann die Marke Werte transportieren und damit in die Zukunft weisen (vgl. hier und im Folgenden Thomin 2007, S. 96). So betont *Rabe* von Energy-Shift Consulting aus Ahrensburg, dass neben der Definition des Marktes, in dem ein Unternehmen tätig sein will, es die Aufgabe der Marke ist, ein klares Ziel für das Unternehmen vorzugeben. Je knapper und bestimmter die Zielformulierung dabei ist, desto schneller und wirksamer ist die Zieldurchsetzung (vgl. Simon 1994, S. 73). Darüber hinaus müssen Markenaussagen direkt problemlösungs- und nutzenbezogen sein (vgl. Pepels 2006, S. 249).

Bspw. definiert ACHENBACH GmbH aus Kreuztal, Hersteller von Walzwerken, ihr strategisches Leitbild als „Technologie für Zukunftsideen" und setzt die Zukunftsideen ihrer Kunden bei der Produktion von Bändern und Folien in die modernste Anlagentechnik um. Ziel ist es, Kunden mit maßgeschneiderten, innovativen Anlagen in die Lage zu versetzten, für die Zukunft ihres Unternehmens Erfolgspotenziale zu erschließen. Zu den Werten der Marken- bzw. Unternehmensphilosophie zählen u.a. hohe Anlagenverfügbarkeit, Produktionsqualität, Innovationsfreudigkeit und Flexibilität in der Zusammenarbeit mit Kunden. Diese Werte werden zusätzlich durch die kulturelle und geographische Verankerung der Marke ACHENBACH in Deutschland betont, welche durch Eigenfertigung aller wesentlichen Komponenten und weitgehende Vormontage der Anlagen in den Achenbach-Werkstätten erfolgt (vgl. Barten 2006, S. 62).

Insgesamt vermittelt die Marke also all das, was an Einstellungen, Fachkenntnissen, Erfahrungen und Erfolgen hinter einem Unternehmen steht (vgl. Simon, 1994, S. 30).

Bisher stellt eine systematische Markenpolitik in der Maschinenbaubranche, trotz einiger erfolgreicher Praxisbeispiele, eher die Ausnahme dar. (vgl. Pförtsch/Schmid 2005, S. 462). Nur wenige Maschinen- und Anlagenbauer betreiben ein professionelles Mar-

---

[57] Diese Überlegungen zeigen, dass die Bedeutung der Marke sehr komplex ist. Wenn ein Unternehmen in der Marke lediglich einen Namen oder Symbol sieht, dann hat es das Wesen der Marke nicht erkannt (vgl. Sitte 2001, S. 95).

[58] Damit die gewünschte Zielsetzung und Realität nicht auseinanderklaffen, ist die Zielsetzung „Wohin man möchte" aus der Identität „Wer man ist" abzuleiten (vgl. Simon 1994, S. 73). So kann ohne Charakter auch kein Werte erklärendes Markenimage entstehen (vgl. Simon 1994, S. 104).

kenmanagement. Stattdessen wird häufig noch in auf Kostenführerschaft fokussierten Unternehmensstrategien bewusst auf kostenerhöhenden Aufbau der Markenidentität verzichtet (vgl. Krämer 1993, S. 245; Herr 2002, S. 24). Die Bedeutung der Marke als ein erhebliches Differenzierungspotenzial im Wettbewerb wird weitgehend unterschätzt. Dies legt die Vermutung nahe, dass die tatsächliche Bedeutung der Marke im Maschinenbau noch nicht erkannt wurde (vgl. Backhaus et al. 2002, S. 50; Pförtsch/Schmid 2005, S. 462).

Im Großen und Ganzen bleibt es also umstritten, ob Marken im Maschinenbau generell von Bedeutung sind (vgl. Homburg et al. 2006, S. 282). Das Anliegen dieser Untersuchung ist es daher im Rahmen der empirischen Analyse zu untersuchen, wie stark der Markengedanke und die damit verbundenen markenpolitischen Aspekte in den unterschiedlichen Bereichen der Maschinenbaubranche vertreten sind.

Mit der Betrachtung der möglichen *Einflussfaktoren der Markenrelevanz* beschäftigt sich das nächste Kapitel. Dazu werden im Folgenden die Erkenntnisse aus den theoretischen Grundlagen und Literaturrecherche herangezogen sowie Hypothesen für die im Kapitel 4 folgende empirische Untersuchung abgeleitet.

3.3.2 Kontextfaktoren der Markenrelevanz sowie Hypothesenbildung

Der spezifische Kontext der Maschinenbaubranche wird durch die Summe aller ihn beschreibenden Faktoren abgebildet. Sie bestimmen, wie stark die Relevanz der Marke in diesem Industriegütermarkt ist und erklären so den produktmarktspezifischen Einfluss (vgl. Caspar et al. 2002, S. 15). Da innerhalb jeder der für diese Untersuchung relevanten fünf Eigenschaftsgruppen (vgl. Abschnitt 3.2) etliche Merkmale als potenzielle Einflussfaktoren der Markenrelevanz in Frage kommen, ist für die bevorstehende Analyse eine Selektion von Faktoren notwendig (vgl. hier und im Folgenden Richter 2007, S. 98). Zur Bestimmung dieser Faktoren reicht dabei die Ermittlung objektiver Charakteristika bzw. Merkmale aus (vgl. Schröder/Perrey 2002, S. 26).

Neben der Konzeptualisierung[59] der Einflussfaktoren werden auch Hypothesen bezüglich ihres Beitrages zur Erklärung der Markenrelevanz formuliert. Fundiert werden die

---

[59] Unter der Konzeptualisierung wird allgemein die Erarbeitung der relevanten Dimensionen eines Konsrukts bezeichnet (vgl. Homburg 2000, S. 13). In dieser Untersuchung stellen die fünf Kontextbereiche *Merkmale des Produkts*, *Merkmale des Kaufs*, *Merkmale des Käufers*, *Merkmale des Anbieters*

Hypothesen durch zwei zentrale Theorien, die für die markenbezogene Kaufsituation von grundlegender Bedeutung sind, nämlich: Informationsökonomie und Risikotheorie (vgl. hier und im Folgenden Homburg et al. 2006, S. 284f.).

Die *Informationsökonomie* geht davon aus, dass die Austauschprozesse unter dem Aspekt unvollkommener, ungleich verteilter Information und der daraus resultierenden Unsicherheit erfolgen (vgl. Hopf 1983, S. 313). Zur Reduktion von Unsicherheit stehen grundsätzlich zwei Strategien zur Verfügung: Informationsübermittlung (Signaling) und Informationsbeschaffung (Screening).[60]

Im Rahmen einer Austauschbeziehung zwischen Anbieter und Kunde liegen die Informationsdefizite in der Regel auf Kundenseite (vgl. Giering 2000, S. 46). Um diese zu verringern übermittelt der Anbieter Signale an den Nachfrager mit dem Ziel, dem Kunden die Vorteile der eigenen Produkte zu vermitteln (vgl. Kaas 1992, S. 36). Die Informationen müssen dabei vor allem glaubwürdig sein, um dem nicht informierten Kunden einen Rückschluss auf die signalisierte Eigenschaft zu erlauben. Die Marke stellt ein solches glaubwürdiges Signal der Anbieter dar, da sie vor allem durch die Existenz einer entsprechenden Reputation[61] begründet wird (vgl. Meffert/Bierwirth 2002, S. 189).

Im Zuge des Screening versucht der Kunde zum einen direkt Informationen zu suchen, indem er die Leistungseigenschaften unmittelbar vor dem Kauf prüft (vgl. Homburg et al. 2006, S. 285).[62] Zum anderen beurteilt der Kunde die Leistungseigenschaften eines Kaufobjekts anhand bestimmter Informationssubstitute (z.B. Markenname, Garantien)[63], die eine Aggregation bestimmter Attribute verkörpern und damit zur Beurteilung des Kaufs herangezogen werden können (vgl. Meffert/Bierwirth 2002, S. 189). Die Marke stellt ein solches Informationssubstitut dar. Der Kunde wird v.a. dann auf die

---

und *Merkmale des Marktes* die Dimensionen dar, die das Konstrukt der Markenrelevanz erklären sollen.

[60] Beim Screening wird der schlechter informierte Partner selbst aktiv und sucht gezielt nach Informationen. Beim Signaling ergreift hingegen der informierte Marktteilnehmer die Initiative und stellt der informationssuchenden Seite entsprechende Informationen zur Verfügung (vgl. Homburg et al. 2006, S. 285). Screening und Signaling sind dabei in einem interdependenten Verhältnis zu sehen, denn was die uninformierte Seite an Informationen wahrnimmt, muss die informierte Seite in irgendeiner Weise übermitteln (vgl. Adler 1996, S. 46).

[61] Reputation spiegelt die Glaubwürdigkeit und das Vertrauen wieder, das einem Unternehmen von seinen Kunden entgegengebracht wird (vgl. Wiedmann 2006, S. 2).

[62] Eine direkte Prüfung der Leistungseigenschaften ist jedoch mit Informationskosten verbunden und nur begrenzt möglich (vgl. Homburg et al. 2006, S. 285; Voeth/Rabe 2004, S. 82). Im Falle investiver Austauschgüter resultieren die Informationskosten der Nachfrager vor allem aus der Unübersichtlichkeit des Angebots (vgl. Kemper 2000, S. 286).

[63] Sogenannte Informationssurrogate stellen dabei Ersatzinformationen dar, von denen durch eine kognitive Verknüpfung auf die gesuchten Informationen geschlossen werden kann (vgl. Voeth/Rabe 2004, S. 82).

Marke als Informationssubstitut zurückgreifen, wenn er die Kosten der direkten Informationssuche als hoch einschätzt (vgl. Richter 2007, S. 57). Folglich gibt Marke den Einkaufsverantwortlichen die Möglichkeit, ihre Unsicherheit zu reduzieren, Informationskosten zu senken und die Effizienz des Kaufentscheidungsprozesses zu erhöhen (vgl. Homburg et al. 2006, S. 285).

Als verhaltenswissenschaftlicher Ansatz erklärt die *Risikotheorie* ebenfalls die Unsicherheitsreduktion im organisationalen Beschaffungsprozess. Die Risikotheorie geht davon aus, dass das Kaufverhalten der Kunden maßgeblich durch Versuche zur Reduzierung von subjektiv wahrgenommenen Risiko bestimmt wird (vgl. hier und im Folgenden Homburg et al. 2006, S. 285f.).[64] Um durch das Risikoempfinden ausgelösten Spannungszustand zu verringern, kann der Kunde auf das Informationssubstitut Marke zurückgreifen (vgl. Adler 1996, S. 96f.). Damit werden Parallelen zwischen Risikotheorie und Informationsökonomie evident, die folglich zur Aussage führen, dass der Kauf der Marke das subjektiv wahrgenommene Risiko der Nachfrager reduziert und somit zur Relevanz der Marke für das organisationale Kaufverhalten beiträgt (vgl. Homburg et al. 2006, S. 286).

Aufbauend auf den dargestellten Theorien werden im Folgenden die Hypothesen zur produktmarktspezifischen Kaufverhaltensrelevanz von Industriegütermarken abgeleitet.

(1) Merkmale des Produkts

Das Heranziehen produktbezogener Kontextfaktoren ist im B2B-Bereich besonders zu empfehlen, da sie per se einen Einfluss auf den Kaufentscheidungsprozess ausüben (vgl. Caspar et al. 2002, S. 34). Dabei beschreiben Merkmale des Produkts die Eigenschaften der zu beschaffenden Leistung (vgl. Richter 2007, S. 97). Je nach Eigenschaften der Produktkategorie schwanken Anzahl und Wichtigkeit der Markennutzen für die Nachfrager (vgl. Donnevert 2009, S. 78).[65] Von Bedeutung sind in erster Linie solche Produkteigenschaften, die vor allem das wahrgenommene Risiko des Kunden bei einer Kaufentscheidung beeinflussen und damit die Relevanz der Marke als risikoreduzierendes Element erhöhen. Dazu werden insbesondere die Produktmerkmale *Komplexität*,

---

[64] Das empfundene Risikoausmaß ist folglich produkt-, personen- und auch situationsabhängig (Vgl. Homburg et al. 2006, S. 285). Zu den verschiedenen Arten von Risiko, die ein Kunde in einer konkreten Kaufsituation empfinden kann vgl. vertiefend Kusterer/Diller 1992, S. 524.

[65] Dies ist die Ursache dafür, warum die Nachfrager in manchen Kategorien markensensibel sind und in anderen nicht. Demzufolge ist auch die Relevanz der Marke in einzelnen Produktmärkten unterschiedlich stark ausgeprägt (vgl. Donnevert 2009, S. 78).

Wert und *öffentliche Wahrnehmbarkeit* der Marke näher betrachtet (vgl. Caspar et al. 2002, S. 35).

Komplexität

Die Komplexität einer Leistung hängt grundsätzlich von der Anzahl und Art sowie der Interdependenz einzelner Bausteine ab, aus denen sich ein Produkt zusammensetzt (vgl. Homburg 2000). Mit der steigenden Komplexität nimmt auch die Schwierigkeit der Produkteinschätzung bei dem Kunden zu. Die Ursache ist v.a. in einem hohen Ausmaß an Vertrauenseigenschaften zu sehen, die insbesondere technisch komplexe Produkte aufweisen (vgl. Voeth/Rabe, S. 79f.). So ist die objektive Prüfbarkeit in Bezug auf die Qualität und Funktionsfähigkeit komplexer Güter oft nicht in ausreichendem Maße gegeben (vgl. von der Oelsnitz 1995, S. 106). Die Kaufverantwortlichen finden sich folglich in den Entscheidungssituationen wieder, die durch ein hohes Risiko gekennzeichnet sind (vgl. Baaken 1990, S. 294).

Da mit steigender Produktkomplexität ebenfalls die Informationskosten der Nachfrager zunehmen, steigt auch die Notwendigkeit einer Informationsverarbeitungshilfe (vgl. Caspar et al. 2002, S. 35).[66] Die Marke kann hierbei einerseits als Garant für Qualität und Zuverlässigkeit bei komplexen Produkten zur Unsicherheitsreduktion des Kunden beitragen. Andererseits stellt sie aufgrund ihrer Funktion als Informationsspeicher (vgl. Abschnitt 2.1.2) für den Kunden eine Möglichkeit dar, die hohen Anforderungen an die Informationsverarbeitung bei komplexen Produkten zu bewältigen und die Entscheidungen zu vereinfachen (vgl. Richter 2007, S. 106). Dementsprechend ist im Hinblick auf die Markenrelevanz folgende Hypothese zu formulieren:

H_1: *Je höher die Komplexität der Produkte eines Maschinenherstellers ist, desto höher ist die Relevanz der Marke.*

Wert

Die Leistungsfähigkeit und Zuverlässigkeit der in Fertigungsprozessen eingesetzten Maschinen üben einen erheblichen Einfluss auf den Markterfolg eines Maschinenkäufers aus. Dieser empfindet deshalb in Abhängigkeit von der Bedeutung der Maschine für seine Wertschöpfung ein Risiko, dass bspw. die zu erwerbende Leistung seine An-

---

[66] Die Suche nach zusätzlichen Informationen ist in der Regel nur bei Sucheigenschaften sinnvoll, da diese vor dem Kauf vollständig beurteilt werden können. Da im Industriebereich v.a. Erfahrungs- und Vertrauenskäufe verbreitet sind und das Kosten-Nutzen-Verhältnis eine systematische Informationssuche z.T. nicht rechtfertigt, sind die leistungsübergreifende Informationen von wesentlich größerer Bedeutung (vgl. Voeth/Rabe 2004, S. 81f.).

sprüche möglicherweise nicht erfüllt oder After-Sales-Serviceleistungen nicht eingehalten werden (vgl. hier und im Folgenden Lehnen 2002, S. 272). Die Wichtigkeit des Produktes ergibt sich insbesondere durch die empfundenen Auswirkungen auf die Profitabilität und Produktivität des Unternehmens (vgl. Homburg/Schneider 2001, S. 603).[67] Die Bedeutung einer Kaufentscheidung für die industriellen Kunden und das mit dieser Entscheidung verbundene Risiko sowie Informationsbedarf nehmen somit mit steigendem Wert des Produktes zu (vgl. Schneider 2002, S. 232). Der so entstehende Bedarf nach Risikoreduktion kann durch den Kauf von Marke reduziert werden (vgl. Caspar et al. 2002, S. 34; Homburg et al. 2006, S. 286). Folglich nimmt die Relevanz der Marke als Qualität- bzw. Leistungsgarant zu (vgl. Richter 2007, S. 110). Vor diesem Hintergrund lässt sich die Hypothese postulieren:

H_2: *Je höher der Wert des Produktes bzw. der Leistung für den Kunden ist, desto größer ist die Markenrelevanz.*

Öffentliche Wahrnehmbarkeit

Ein weiterer wichtiger Aspekt der Industriegütermarke besteht darin, dass sie nicht nur die Kunden, sondern auch alle anderen Stakeholder des Unternehmens erreichen kann. Zu den Stakeholdern zählen u.a. Investoren, Arbeitnehmer, Kooperationspartner, Lieferanten und Konkurrenten (vgl. Kotler/Pfoertsch 2007, S. 358). Die gute Wahrnehmung einer Marke unterstützt zum einen die Informationseffizienzfunktion und ist zum anderen die Basis der Ideellen-Nutzen-Funktion. Dieser Markennutzen entsteht allerdings erst dann, wenn die genutzte Leistung bspw. anhand typischer Schriftzüge als Markenprodukt erkennbar ist (vgl. Caspar et al. 2002, S. 35). Neben der sichtbaren Markierung von Produkten spielt in der öffentlichen Wahrnehmung ebenfalls das gesamte Marken- bzw. Unternehmensimage eines Industriegüterherstellers eine wichtige Rolle (vgl. Behlke 2002, S. 21f.). Zudem wird der Marke des Produktes, das öffentlich genutzt wird (z. B. Baumaschinen), mehr Beachtung geschenkt (vgl. Kapferer 2008, S. 27). Schließlich kann durch die öffentliche Nutzung bestimmter Marken die Wertehaltung und der Erfolg eines Unternehmens in stärkerem Maße kommuniziert werden (vgl. Caspar et al. 2002, S. 35). Dies führt zur Hypothese:

---

[67] Dabei kann die gleiche Wertdimension des Produktes für einen kleineren Betrieb eine größere Bedeutung in Bezug auf den Unternehmenserfolg als für ein großes Unternehmen haben. Auch birgt eine zu beschaffende Anlage im Wert von mehreren Millionen Euro andere Risiken als eine Entscheidung über den Kauf eines Normmotors im Wert von wenigen Hundert Euro (vgl. Backhaus/Voeth 2007, S. 76).

H_3: *Je stärker die Marke eines Maschinenanbieters in der Öffentlichkeit wahrgenommen wird, desto größer ist die Relevanz der Industriegütermarke.*

(2) Merkmale des Kaufs

Merkmale des Kaufs bilden kaufspezifische Faktoren, die den Ablauf des Kaufprozesses weitgehend bestimmen (vgl. Backhaus/Voeth 2007, S. 75). Sie beziehen sich auf die Eigenschaften des Beschaffungsprozesses und damit auf die Art der Nachfrage (vgl. Donnevert 2009, S. 33). Zu den kaufbezogenen Faktoren gehören vor allem die *Beschaffungskomplexität* und die *Beschaffungssituation* der Kunden (vgl. Richter 2007, S. 97; Caspar et al. 2002, S. 33). Da auch diese Merkmale eng mit dem Ausmaß des von den Kunden wahrgenommenen Risikos verbunden sind, werden sie nachfolgend hinsichtlich ihrer Wirkung auf die Markenrelevanz näher betrachtet.

Beschaffungskomplexität

Die Komplexität des Beschaffungsprozesses wird durch die Prozessdauer, Häufigkeit der Interaktion zwischen Anbieter und Nachfrager und das Ausmaß an Konfigurationswünschen bestimmt (vgl. Caspar et al 2002, S. 33). So gliedert sich die Kaufentscheidung in komplexen und langwierigen Beschaffungsprozessen oftmals in viele Teilentscheidungen (vgl. Backhaus et al. 2002, S. 54). Je komplexer der Kaufentscheidungsprozess dabei ist, desto eher wird die Bewertung des Angebots anhand einzelner Leistungsattribute erfolgen (vgl. hier und im Folgenden Caspar et al. 2002, S. 33). Die Leistungsspezifika sind demnach wichtiger als ein Globalurteil über das Angebot, wie es die Marke liefern könnte (vgl. Pförtsch/Schmid 2005, S. 69). Zudem können auch persönliche Beziehungen im Sinne eines emotionalen Elementes die Entscheidungssituation entlasten (vgl. Belz/Kopp 1994, S. 1589). Folglich wird der Risikoaspekt und Informationsbedarf bei komplexen Kaufentscheidungen eher über vertragliche Regelungen und weniger über die Marke abgesichert. Diese Überlegungen führen zur Hypothese:

H_4: *Je größer die Komplexität des Kaufentscheidungsprozesses der Kunden ist, desto geringer ist die Relevanz der Industriegütermarke.*

Beschaffungssituation

Die Komplexität des Kaufentscheidungsprozess variiert außerdem in Abhängigkeit davon, ob es sich bei der Beschaffung um einen Neukauf, einen modifizierten Wiederholungskauf oder um einen reinen Wiederholungskauf handelt (vgl. hier und im Folgenden Robinson et al. 1967, S. 22f.). Diese Kaufsituationen werden anhand der Kriterien *Neuheit des Problems*, *Informationsbedarf* und *Betrachtung neuer Alternativen* voneinander abgegrenzt. Der **Neukauf** ist dadurch gekennzeichnet, dass ein Kaufproblem zum ersten Mal im Unternehmen auftritt und keine Erfahrung diesbezüglich vorliegt (vgl. hier und im Folgenden Backhaus/Voeth 2007, S. 77). Beim **modifizierten Wiederkauf** handelt es sich hingegen um eine Kaufsituation, mit der die industriellen Käufer bereits ähnliche Erfahrungen gemacht haben. Bspw. wird hier eine manuell bediente Maschine durch eine elektronisch geregelte ersetzt. Der Informationsbedarf und die Komplexität fallen bei dem **identischen Wiederkauf** deutlich geringer als beim Neu- bzw. modifizierten Wiederkauf aus. Diese Kaufklasse entspricht einer Routinekaufsituation, bei der die Kunden auf ein umfangreiches Erfahrungspotenzial zurückgreifen können.

Da bei dem Neukauf keine entsprechenden Erfahrungen vorliegen, kann diese Kaufsituation in besonderem Maße zu einem erhöhtem Informationsbedarf und somit zu einem höherem wahrgenommenen Risiko führen (vgl. Backhaus/Voeth 2007, S. 77). Der so entstehende Bedarf nach Risikoreduktion kann durch den Kauf von Marke als Leistungs- bzw. Qualitätssurrogat befriedigt werden (vgl. Caspar et al. 2002, S. 34). Demnach lässt sich folgende Hypothese aufstellen:

H_5: *Je höher die Neuartigkeit des Kaufs für die beschaffende Organisationen ist, desto höher ist die Markenrelevanz.*

(3) Merkmale des Käufers

Neben den spezifischen Merkmalen des organisationalen Kaufs spielen die Eigenschaften der Beschaffenden im Rahmen des Kaufentscheidungsprozesses eine wichtige Rolle (vgl. Backhaus/Voeth 2007, S. 75). Aufgrund ihrer Funktion als „Information Chunk" kann eine Marke insbesondere die Prozesse der Informationsverarbeitung und Entscheidungsfindung erleichtern (vgl. Richter 2007, S. 111). Zentrale Kundenmerkmale sind hierbei die *Heterogenität der BC-Mitglieder* und die *Größe des Buying Centers* (vgl. Caspar et al. 2002, S. 34; Richter 2007, S. 97).

Heterogenität des Buying Centers

Unter der Heterogenität des Buying Centers wird die „Unterschiedlichkeit der Personen im Beschaffungsgremium der Nachfragerorganisation" verstanden (Richter 2007, S.

113). Die Mitglieder des Buying Centers weisen aufgrund unterschiedlicher Zielvorstellungen, Einstellungen und gemachten Erfahrungen[68] häufig differierende Vorstellungen bzw. Prioritäten bzgl. der Merkmale und des Nutzens des Leistungsangebots auf (vgl. Kemna 1993, S. 129). Die Komplexität der internen Kommunikations- und Abstimmungsprozesse steigt folglich mit der Heterogenität des Einkaufsgremiums (vgl. Richter 2007, S. 113).

Die Marke kann durch das an sie gekoppelte Vertrauen bei den einzelnen Mitgliedern des Buying Centers Präferenzen erzeugen, die je nach Einfluss der beteiligten Person die Kaufentscheidung positiv beeinflussen und die Kommunikation erleichtern (vgl. Sitte 2001, S. 144; Richter 2007, S. 113). In ihrer Funktion als „Information Chunk" kann sie einzelnen Kaufentscheidern jeweils anspruchsbezogen relevante Markeninhalte vermitteln (vgl. Kemper 2000, S. 231).[69] Diese Eignung der Marke, über eine individuelle Einwirkung hinaus zugleich Einfluss auf mehrere Mitglieder des Buying Centers zu nehmen, bezeichnet *Strothmann* als „harmonisierungspolitischen Effekt" (vgl. Strothmann 1986, S. 17). Vor diesem Hintergrund kann die folgende Hypothese postuliert werden:

H_6: *Je höher die Heterogenität des Buying Centers der beschaffenden Organisation ist, desto höher ist die Relevanz der Industriegütermarke.*

Größe des Buying Centers

Mit der steigenden Anzahl der Kaufentscheider werden die Kommunikations- und Entscheidungsprozesse im Buying Center komplexer. Hier kann Marke als Schlüsselinformation die zahlreichen Informationen verdichten und ersetzen (vgl. Richter 2007, S. 112). Sie dient der Kommunikationsvereinfachung innerhalb des Buying Centers und der effizienten Aufnahme und Verarbeitung von Informationen (vgl. Donnevert 2009, S. 33f.). Außerdem reduziert die Marke sowohl das Risiko des Einzelnen als auch des gesamten Entscheidungsgremiums (vgl. Backhaus et al. 2002, S. 54). Mit der Anzahl der Kaufbeteiligten steigt folglich die Relevanz der Marke zur Kommunikation und über-

---

[68] Je weniger Erfahrung der Einkaufsverantwortliche mit dem zu beschaffenden Produkt hat, desto vorteilhafter ist die Kosten-Nutzen-Relation der Marke als Informationssubstitut verglichen mit der direkten Informationssuche. Aufgrund dessen nimmt die relative Bedeutung einer Marke in dieser Situation zu (vgl. Homburg et al. 2006, S. 285).

[69] Bspw. kann Marke den funktionsbezogenen Produktionsleitern hohe Qualität (geringe Toleranzen), Controllern geringe Betriebskosten und Einkäufern pünktliche Lieferung signalisieren (vgl. Kemper 2000, S. 231). Zu den weiteren Wirkungen der Marke auf die einzelnen Mitglieder je nach ihrer Rolle im Buying Center vgl. ausführlicher Sitte 2001, S. 145f.

greifenden Risikoreduktion im Buying Center (vgl. Kemper/Bacher 2004, S. 36). Demnach lässt sich folgende Hypothese aufstellen:

H_7: *Je größer das Buying Center der beschaffenden Organisation ist, desto höher ist die Relevanz der Marke.*

(4) Merkmale des Anbieters

Die Einschätzung der Markenrelevanz im Maschinenbau ist weiterhin in Verbindung mit bestimmten Merkmalen des Anbieterunternehmens zu sehen (vgl. hier und im Folgenden Richter 2007, S. 115). Von besonderem Interesse sind solche Charakteristika der Anbieter, die dafür verantwortlich sind, dass manche Maschinenbauunternehmen der Marke eine hohe Relevanz beimessen und somit in den Aufbau einer Marke investieren, und andere eher nicht. In diesem Zusammenhang sind insbesondere die *Unternehmensgröße* und der *Internationalisierungsgrad* bezüglich ihres Einflusses auf die Markenrelevanz von Bedeutung. So ist zu vermuten, dass größere Unternehmen die notwendigen Kosten für den Aufbau einer Marke eher aufbringen können als kleinere Unternehmen. Darüber hinaus stellt Maschinenbau eine internationale Branche dar, die auf einem globalen Markt um die begrenzte Aufmerksamkeit der Nachfrager konkurriert und somit einer stärkeren Differenzierung vom Wettbewerb bedarf (vgl. Kapitza 2004, S. 1121; Abschnitt 2.2.2).

Internationalisierungsgrad

Bedingt durch die Heterogenität der Kaufprozesse, können Spezialisierungen der Kundenbedürfnisse dazu führen, dass bestimmte Leistungen weltweit nur von wenigen Anbietern erbracht werden. Daraus resultiert eine gegenüber dem Konsumgüterbereich tendenziell höhere internationale Ausrichtung der Maschinenbauunternehmen (vgl. Willrodt 2004, S. 23; Belz/Kopp 1994, S. 1585; Merbold 1993, S. 580).[70] Wer sich international bewährt, dem wird zudem häufig mehr Kompetenz in der Produktleistung und Servicebereitschaft als lokalen oder regionalen Anbietern unterstellt (vgl. Schmidt 2001, S. 199).

Die Marke erleichtert den Zugang zu den neuen Märkten, indem sie als Botschafter und Information Chunk in dem globalen Markt fungiert (vgl. Kotler/Pfoertsch 2007, S. 358).

---

[70] Dabei unterscheiden sich die Voraussetzungen zur Internationalisierung bei kleinen und mittelgroßen Anbietern erheblich von den großen Unternehmen (vgl. Steinmann 1989, S. 1510). Aufgrund der begrenzten Ressourcenverfügbarkeit bei mittelständischen und kleinen Unternehmen ist die Möglichkeit der Internationalisierung begrenzt (vgl. Kutschker 1992, S. 525).

International bekannte Markenunternehmen sind oftmals renommierter und tragen somit stärker zur Reduktion des wahrgenommenen Risikos bei als nur lokal agierenden Unternehmen. Diese Überlegungen führen zur folgenden Hypothese, die im Rahmen der empirischen Untersuchung zu überprüfen ist:

H_8: *Je internationaler die Geschäftstätigkeit der Maschinenhersteller ist, desto höher ist die Relevanz der Marke.*

Unternehmensgröße

Zur Bestimmung der Unternehmensgröße können inputbezogene Kennzahlen (z. B. Beschäftigtenzahl, Betriebsmittelkapazität) und/oder outputbezogene Kennzahlen (z. Produktionsvolumen, Umsatz) herangezogen werden (vgl. hier und im Folgenden Jaßmeier 1999, S. 29). Die Größe des Anbieterunternehmens wird in dieser Untersuchung durch die Höhe der Mitarbeiterzahl und des Umsatzes beschrieben (vgl. Bausback 2007).

Shipley und *Howard* weisen in ihrer Untersuchung darauf hin, dass in großen Unternehmen in der Regel mehr Marketingspezialisten beschäftigt sind, denen die Verantwortung für die Marke übertragen werden kann (vgl. Shipley/Howard 1993, S. 65). Darüber hinaus verfügen große Unternehmen in der Regel über höhere Kapitalressourcen und sind folglich eher in der Lage hohe Investitionen in Marken zu tätigen (vgl. Trommsdorff 2004b, S. 1855). Dies legt die Vermutung nahe, dass der Einsatz der Marke und somit ihre Wertschätzung von der anbieterseitigen Ressourcenverfügbarkeit abhängt (vgl. Richter 2007, S. 116). Es lässt sich folglich die Hypothese postulieren:

H_9: *Je größer die Human- und Kapitalressourcen eines Maschinenherstellers sind, desto höher ist die Relevanz von Marken.*

(5) Merkmale des Marktes

Zur vollständigen Analyse der Markenrelevanz in dem Maschinenbau ist schließlich die Marktstruktur zu betrachten (vgl. Caspar et al. 2002, S. 35). Dabei sind unter Merkmalen des Marktes Faktoren des Marktumfeldes zu verstehen, die nicht unmittelbar von den an Markttransaktionen beteiligten Unternehmen gesteuert werden (vgl. Richter 2007, S. 98f.). Von Bedeutung sind vor allem solche Merkmale, die eine hohe nachfragerseitige Unsicherheit bedingen und somit die Relevanz der Marke steigern. In diesem Zusammenhang werden insbesondere die folgenden drei Faktoren des Marktumfeldes bzgl. ihres Einflusses auf die Markenrelevanz im Maschinenbau diskutiert: *Wettbewerbsintensität, technische Produkthomogenität* und *technologische Dynamik*.

Wettbewerbsintensität

Die zunehmenden Unsicherheiten im gesellschaftlichen, politischen, wirtschaftlichen und technologischen Bereich wirken sich heute verstärkt auf den Wettbewerb aus (vgl. Schneider 2002, S. 1). So hat der Anbieter auf dem wettbewerbsintensiven Maschinenmarkt ein erhöhtes Interesse, Informationen über die eigene Qualität, Glaubwürdigkeit und zukünftige Leistungsfähigkeit zu übermitteln, um Nachfrager von der eigenen Kompetenz zu überzeugen, Vertrauen aufzubauen und sich von der Konkurrenz abzuheben (vgl. Kemper 2000, S. 70). Die Nachfrager sehen sich wiederum mit einem erhöhten Informationsbedarf und einer höheren Unsicherheit bzgl. der richtigen Auswahl aus dem vielfältigen Angebot konfrontiert (vgl. Richter 2007, S. 103f.).

Der Informationsökonomie folgend ist die Marke als vertrauensbildendes Signal für den Nachfrager und als Differenzierungspotential für den Anbieter zu verstehen. So messen *Belz* und *Kopp* der Marke gerade in umkämpften Märkten eine hohe Relevanz bei (vgl. Belz/Kopp 1994, S. 1579). Vor diesem Hintergrund lässt sich folgende Hypothese aufstellen:

H_{10}: *Je höher die Wettbewerbsintensität auf dem Absatzmarkt für Maschinen ist, desto höher ist die Markenrelevanz.*

Technische Produkthomogenität

Die technische Produkthomogenität bezeichnet das „Ausmaß, zu dem sich die im Markt angebotenen Produkte von ihren technischen Spezifikationen her gleichen" (Richter 2007, S. 101). Die Qualität und physische Beschaffenheit der Leistungen differenzieren sich immer weniger und sind für die Nachfrager selbstverständlich. Im technischen Bereich trägt auch die Normierung (bspw. im EG-Raum) dazu bei. Zwar unterscheiden sich die Systemangebote verschiedener Anbieter, der Kunde ist aber häufig nicht in der Lage, die Leistungsunterschiede rational zu erfassen (vgl. Belz/Kopp 1994, S. 1581; Caspar et al. 2002, S. 7; Kemper 2000, S. 217).

Der Marke und den mit ihr verbundenen emotionalen Assoziationen kommt bei technischer Ähnlichkeit der Leistungsangebote die ausschlaggebende Bedeutung zu (vgl. Sitte 2001, S. 143). So stellen *Fischer et al.* fest, dass Marken gerade in einem technisch homogenen Produktumfeld dem Kunden Orientierung geben und ihn bei seiner Entscheidung unterstützen (vgl. Fischer et al. 2002, S. 22). *Merbold* spricht von der Marke sogar als „dem ultimativ letzten Alleinstellungsmerkmal, das Firmen voneinander unterscheidbar und spezifisch macht" (Merbold 1993, S. 580). Zusammenfassend lässt sich die Hypothese postulieren:

H_{11}: *Je höher die technische Produkthomogenität auf dem Maschinenmarkt ist, desto höher ist die Relevanz der Industriegütermarke.*

Technologische Dynamik

Die Tendenz zur Entwicklung neuer Technologien wird in der Regel unternehmensindividuell beeinflusst und tritt gleichzeitig durch den Wettbewerbsdruck als Branchenphänomen auf (vgl. Schneider 2002, S. 3). Gerade im Maschinenbau, in dem häufige und gravierende Technologieveränderungen üblich sind, können die Auswirkungen technischer Innovationen von den Nachfragern nur unzureichend eingeschätzt werden (vgl. Caspar et al. 2002, S. 36). Da hier zum großen Teil ein hoch individualisiertes Leistungsangebot vorliegt, entsteht im Hinblick auf die technologische Dynamik ein spezifitätsbedingtes Unsicherheitsproblem (vgl. Backhaus 1993, S. 102).[71] Die Kaufverantwortliche agieren folglich unter einem hohen Maß an Unsicherheit (vgl. Richter 2007, S. 100).

Da die Marke als Garant für die Qualität des jeweiligen Maschinenanbieters angesehen werden kann, wirkt sie unsicherheits- und risikoreduzierend auf den Kaufprozess der Kunden. Unter dem Kontinuitätsaspekt bilden Marken außerdem die stabilen und verlässlichen Elemente in dem sich rasant verändernden Technologieumfeld (vgl. Merbold 1993, S. 580). Im Hinblick auf die Relevanz der Marke lässt sich demnach folgende Hypothese aufstellen:

H_{12}: *Je höher die technologische Dynamik des Marktumfelds ist, desto höher ist die Relevanz von Marken.*

Mit der Hypothese H_{12} ist die Hypothesenformulierung für die letzte Kategorie möglicher Kontextfaktoren des in Abschnitt 3.2 entwickelten Bezugsrahmens abgeschlossen. Insgesamt zielte die konzeptionelle Erarbeitung situativer Einflussfaktoren darauf ab,

---

[71] Diese Unsicherheit kann sich bspw. in der Frage äußern, ob die gekaufte Leistung im Laufe der Zeit an die technologischen Entwicklungen oder Zukäufe angepasst werden kann. Es geht hierbei um die sogenannte Schnittstellenproblematik (vgl. Backhaus 1993, S. 102).

auf der Basis der Informationsökonomie und Risikotheorie ein möglichst umfassendes Verständnis von Relevanz der Marke im Maschinenbau zu erhalten.

3.4 Empirisches Untersuchungsmodell

Die im Rahmen der theoretischen Analyse abgeleitete Existenz unterschiedlicher Einflussfaktoren kann als erster Schritt zur Erklärung der Markenrelevanz in der Maschinenbaubranche gedeutet werden. Das Ergebnis dieser Analyse ist eine aggregierte Darstellung des Untersuchungsgegenstandes, die in ein Hypothesensystem eingebettet wird (vgl. Abb. 6).

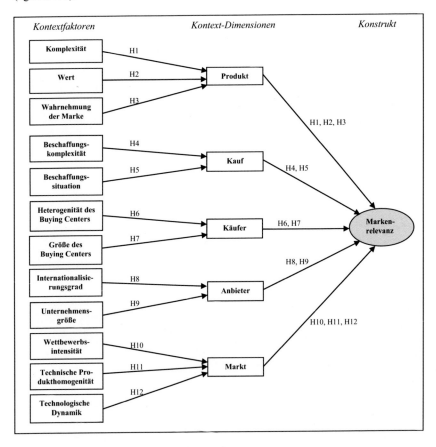

Abb. 6: Empirisches Untersuchungsmodell
Quelle: Eigene Darstellung

Das in Abb. 6 dargestellte Modell unterstellt sogenannte Ursache-Wirkungs-Beziehungen zwischen der Markenrelevanz und den Kontextfaktoren und ist damit als ein Zusammenhangsmodell zu interpretieren (vgl. Willrodt 2004, S. 75f.). Die einzelnen Kontext-Dimensionen[72] bilden hierbei die Markenrelevanz erklärenden bzw. beeinflussenden Variablen des Modells, die sich aus den einzelnen Kontextfaktoren ergeben. Das Konstrukt der Markenrelevanz stellt die zu erklärende und damit die von den Kontextfaktoren abhängige Modellvariable dar.

Bei der Markenrelevanz und den Kontextfaktoren handelt es sich um Modellbestandteile, die als latente Variablen bzw. Konstrukte[73] bezeichnet werden, da sie sich einer direkten Beobachtung und Messung entziehen (vgl. Homburg 2000, S. 72; Homburg/ Giering 1996, S. 5f.). Um ein solches Konstrukt möglichst genau abbilden zu können, wird in der einschlägigen Literatur die Verwendung eines Messinstruments empfohlen, welches sich aus mehreren Indikatoren[74] zusammen setzt (vgl. Meyer 2006, S. 73f.; Schnell et al. 2005, S. 131f.). Wie später noch gezeigt wird, wird im Rahmen der vorliegenden Untersuchung ein Großteil der Modellvariablen über mehrere Indikatoren erfasst (vgl. Abschnitt 4.1.4).

Das in diesem Abschnitt konkretisierte Untersuchungsmodell stellt nun einen Leitfaden für das weitere Vorgehen dar und ist damit als Ausgangspunkt für die empirische Untersuchung zu sehen. Inwiefern die aus der Theorie abgeleiteten Kontextfaktoren die Relevanz der Industriegütermarke im Maschinenbau zu erklären und zu beeinflussen vermögen, kann erst deren explorative sowie kausalanalytische Überprüfung in Kapitel 4 klären und damit wichtige Erkenntnisse zur Beantwortung der Forschungsfragen liefern.

---

[72] Die Ebene der Dimensionen ist dabei als Zusammenführungen inhaltlich verwandter Faktoren zu verstehen (vgl. Homburg 2000, S. 79).

[73] So definieren *Bagozzi* und *Fornell* ein Konstrukt als „(...) an abstract entity which represents the ‚true‘, nonobservational state or nature of a phenomenon" (Bagozzi/Fornell 1982, S. 24).

[74] Unter Indikatoren werden dabei sichtbare Realisierungen der latenten Variablen verstanden (vgl. Schnell et al. 2005, S. 131).

4 Empirische Untersuchung

4.1 Aufbau, Operationalisierung und Methodik

4.1.1 Problemstellung und Vorgehensweise der empirischen Analyse

Die Notwendigkeit einer empirischen Untersuchung ergibt sich aus dem seitens Wissenschaft und Praxis bestehenden, nicht unerheblichen Informationsbedarf zur generellen Bedeutung der Marke im Maschinen- und Anlagenbaubereich (vgl. Hermann/ Homburg 2000, S. 15f.).[75] Die vorliegende Untersuchung soll dabei in erster Linie der Überprüfung von latenten Verursachungsgründen der Markenrelevanz sowie der darauf aufbauenden Ableitung der Gestaltungsempfehlungen für die deutsche Maschinenbaubranche dienen.

Angestrebt wird eine schrittweise Verfeinerung der in der Abb. 6 dargestellten Struktur bis hin zu einem geeigneten Messinstrument (vgl. Homburg 2000, S. 80). Die zu diesem Themengebiet existierenden wissenschaftlichen Arbeiten bieten hierfür einen wichtigen Ansatzpunkt, da sie insbesondere im Hinblick auf die Replikation entwickelter Messungen und Analysemethoden zur Erfassung der Markenrelevanz im industriegüterspezifischen Kontext grundlegende Basis darstellen (vgl. Homburg 2000, S. 217; Abschnitt 3.1.2).

Zur Erreichung der gesetzten Ziele bieten sich in erster Linie die explorativen Analysemethoden an, die die theoretisch abgeleiteten Konstrukte des empirischen Modells in Bezug auf Qualität und Güte überprüfen sollen (vgl. Pepels 2007, S. 191; Kühn/Kreuzer 2006, S. 16; Beutel 1988, S. 31). Darauf aufbauend werden zur Untersuchung des aufgestellten Hypothesensystems die kausalanalytischen Verfahren angewandt.

Im Sinne einer systematischen Marktforschung ist die vorliegende Studie darüber hinaus als ein wissenschaftlicher Problemlösungsprozess zu verstehen, der aus mehreren aufeinander folgenden Arbeitsschritten besteht (vgl. Hermann/Homburg 2000, S. 17). Um den Inhalt und die Struktur der durchgeführten Untersuchung zu verdeutlichen, wird die Vorgehensweise des empirischen Analyseprozesses in Abb. 7 visualisiert.[76]

---

[75] Wissenschaftliche Aussagen müssen einen empirischen Informationsgehalt aufweisen, d.h. über die Realität informieren (vgl. Beutel 1988, S. 30).

[76] Aufgrund struktureller Verknüpfung einzelner Schritte ist es erforderlich, sie weitgehend unter Berücksichtigung vorausgehender und nachfolgender Arbeitsgänge durchzuführen (vgl. Hermann/Homburg 2000, S. 18). Zu den z. T. unterschiedlichen, idealtypischen Ausgestaltungen des Forschungsablaufs vgl. vertiefend Nieschlag et al. 1997, S. 685; Kühn/Kreuzer 2006, S. 28; Schnell et al. 2005, S. 8.

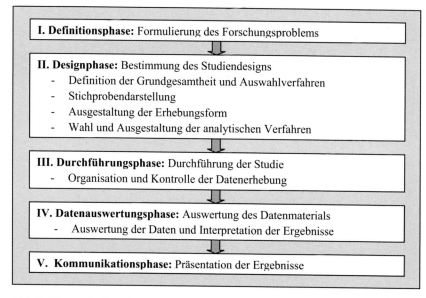

Abb. 7: Phasen des Forschungsprozesses
Quelle: Eigene Darstellung in Anlehnung an Bidmon 2004, S. 149

4.1.2 Erhebungsumfang und Auswahlverfahren

Die Voraussetzung für jede Datenerhebung ist die Festlegung der Grundgesamtheit[77] und die Auswahl einer geeigneten Datenerhebungsmethode (vgl. Kühn/Kreuzer 2006, S. 29; Giering 2000, S. 65).

Wie in Abschnitt 3.3.1 hervorgehoben wurde, ist das Anliegen dieser Untersuchung, die Aussagen zum Markenmanagement nicht branchenübergreifend, sondern für einen speziellen Industriegüterbereich abzuleiten. Als Grundgesamtheit wird daher ausschließlich die deutsche Maschinenbauindustrie betrachtet. Da die Zielgruppe hier für eine Vollerhebung[78] relativ groß ist (vgl. Abschnitt 2.2.2), wurde im Rahmen der Untersuchung eine Teilerhebung vorgenommen.

---

[77] Unter der Grundgesamtheit wird die Gesamtmenge von Objekten (Individuen, Organisationen) verstanden, auf die sich die Aussagen der empirischen Untersuchung beziehen sollen (vgl. Kromrey 1995, S. 190).

[78] Von einer Vollerhebung wird dann gesprochen, wenn die Daten aller Elemente einer Grundgesamtheit erhoben werden (vgl. Schnell et al. 2005, S. 267).

Die Rekrutierung der forschungsrelevanten Zielgruppe vollzog sich ausschließlich aus den Mitgliedsunternehmen des Verbandes des deutschen Maschinen- und Anlagenbaus (VDMA), aus dessen Firmenliste die für die Studie relevanten Maschinenhersteller zufällig ausgewählt wurden.

Datenerhebung vorschaltend erfolgte eine allgemeine Telefonanfrage im Hinblick auf die Teilnahmeeinwilligung potenzieller Studienteilnehmer. Dies wird insbesondere mit der relativ niedrigen Auskunftsbereitschaft der Befragten im B2B-Bereich begründet, die die Informationsbeschaffung im Vergleich zum Konsumgüterbereich z.T. erheblich erschweren kann (vgl. Weis/Steinmetz 2000, S. 425).[79]

Als Methode der Datenerhebung wurde die Online-Befragung in Form von E-Mail-Befragung (Electronic Mail Survey) auf Basis eines standardisierten[80] Fragebogens gewählt (vgl. Pepels 2007, S. 125f.).[81]

Die Nutzung dieser Methode bot sich für die vorliegende Untersuchung aus vielen Gründen an. Im Vergleich zur herkömmlichen Befragung sind insbesondere die Schnelligkeit und Interaktivität des Mediums Internet hervorzuheben (vgl. Berekoven et al. 2006, S. 113). Des Weiteren wurde den Probanden durch eigenständige Bedienung des elektronischen Geräts eine autonome Entscheidungsfreiheit zur Beantwortung des Fragebogens eingeräumt, bei der sie die Befragungsgeschwindigkeit selbst bestimmen konnten. So konnte das Interview jederzeit und beliebig oft unterbrochen und an jeder Stelle wieder aufgenommen werden. Außerdem ist die E-Mail-Befragung kostengünstig sowie zeit- und ortsungebunden durchführbar (vgl. Pepels 2007, S. 127).

Den Vorzügen einer E-Mail-Befragung stehen jedoch die in Betracht zu ziehenden Nachteile gegenüber. So kann die Anonymität der Datenerhebung aufgrund der klar ersichtlichen E-Mail-Adressen der Befragten nicht in vollem Umfang gewährleistet werden. Zudem besteht die Gefahr, dass die E-Mail mit dem Fragebogen durch Sicherungsprogramme als Spam[82] ausgefiltert wird, so dass der Fragebogen die Adressaten nicht erreicht (vgl. Kühn/Kreuzer 2006, S. 109f.). Des Weiteren erfolgt die Beantwor-

---

[79] So sind die Zielpersonen nicht immer bereit, an den Studien teilzunehmen, da die Industriegüter-Marktforschung oft die Offenlegung der internen Unternehmensstrukturen erfordert (vgl. Weis/Steinmetz 2000, S. 424f.).

[80] Der Vorteil standardisierter Befragung liegt v.a. in der Vollständigkeit und Vergleichbarkeit der Antworten sowie auch in der vereinfachten Quantifizierbarkeit der Ergebnisse (vgl. Böhler 2004, S. 86).

[81] Bei dieser Form der Befragung erfolgen Versand und Antwort per E-Mail (vgl. Schnell et al. 2005, S. 381).

[82] Im rechtlichen Sinne ist unter Spam jede Art von unverlangt zugesandter, kommerzieller E-Mail zu verstehen. In Umgangssprache ist der Begriff *Spam* weiter gefasst und bedeutet jede nicht erwünschte E-Mail (vgl. Kühn/Kreuzer 2006, S. 110).

tung der Fragen unter weitgehend unkontrollierten Bedingungen, die durch den Interviewer nicht gesteuert werden können. Zu beachten sind auch die Akzeptanzbarrieren bei Befragten, die vor allem bei Berührungsängsten mit Elektronik bestehen können (vgl. Pepels 2007, S. 106). Schließlich besteht im B2B-Bereich die Gefahr hoher Ausfallquoten, da die Befragten oft überlastet sind oder die Zuständigkeit für die Befragung sich als schwierig erweist (vgl. Weis/Steinmetz 2000, S. 424).

Diesen Problemen wurde jedoch in der Weise vorbeugend entgegengesteuert, indem die Angehörigen eines Unternehmens von dem Verschicken des E-Mail-Fragebogens telefonisch informiert wurden. Als Anreiz zur Teilnahme diente die Aussicht auf Zusendung zentraler Forschungsergebnisse nach Abschluss der Untersuchung.

Vor der eigentlichen Datenerhebung wurde ein Pretest durchgeführt, um die Vollständigkeit und Verständlichkeit der gestellten Fragen zu bewerten (vgl. Giering 2000, S. 67).[83] Der Versand und Rücklauf des E-Mail-Fragebogens fand im Zeitraum vom 22. April 2009 bis einschließlich 18. Juni 2009 statt.

4.1.3 Stichprobenbeschreibung

Am Ende des Datenerhebungszeitraums lagen 86 beantwortete von 260 versandten Fragebögen vor. Von diesen waren letztendlich 82 Fragebögen als verwertbar eingestuft, was einer relativ hohen und damit zufrieden stellenden Rücklaufquote von 31,5% entspricht (vgl. Richter 2007, S. 79). Im Hinblick auf die Repräsentativität der Stichprobe im Industriegüterbereich liefert erfahrungsgemäß eine Stichprobe von 50 bis 150 Befragten bereits sehr gute Ergebnisse (vgl. Garbe 2000, S. 1117).

Die Stichprobe von Maschinenherstellern setzt sich anhand verschiedener Merkmale wie Branchentypologie, Größenklasse nach Umsatz und Anzahl der Mitarbeiter sowie Funktion und Position der befragten Person im Unternehmen zusammen. Dies ergibt die in der Tab. 4 dargestellte Stichprobenstruktur.

---

[83] Nach dem Pretest ergaben sich lediglich geringfügige Modifikationen, die größtenteils sprachlicher Natur waren.

Zusammensetzung der Stichprobe		
Typologie der Branche	• Maschinenkomponenten und Werkzeuge	23,8%
	• Aggregate und Baugruppen	22,5%
	• Maschinen und Geräte	26,2%
	• Sondermaschinen	7,5%
	• Anlagen und Systeme	19,9%
Umsatz des Unternehmens	• bis zu 500 000 €	2,7%
	• 500.000 – 50.000.000 €	57,5%
	• 50.000.000 -100.000.000 €	17,8%
	• ab 100.000.000 €	21,9%
Anzahl der Mitarbeiter	• bis 49	14,6%
	• 50-500	56,1%
	• 500-5.000	22%
	• über 5.000	7,3%
Funktion der Befragten	• Einkauf	1,2%
	• Technik	9,9%
	• Service/Wartung	1,2%
	• Marketing/Vertrieb	82,7%
	• Produktion	0%
	• Sonstiges	4,9%
Position der Befragten	• Geschäftsführung	25,6%
	• Mittleres Management	50%
	• Sachbearbeiter	14,6%
	• Sonstiges	9,8%

Tab. 4: Zusammensetzung der Stichprobe
Quelle: Eigene Darstellung

Im Hinblick auf die Branchentypologie ist zu konstatieren, dass den Befragten die Möglichkeit eingeräumt wurde, einen speziellen Fachzweig, in dem sie tätig sind, anzugeben. Dies ermöglichte eine Einteilung der genannten Fachzweige nach den maschinenbauspezifischen Erzeugnisarten (vgl. Abschnitt 2.2.1; Murmann 1994, S. 172f.).[84] Häufigste Nennungen waren in diesem Kontext Produktarten wie Maschinen und Geräte, Maschinenkomponente und Werkzeuge sowie Aggregate und Baugruppen. Die in der Stichprobe vertretenen Erzeugnisarten weisen in Bezug auf die Verteilung der Häufigkeiten der Mitgliederunternehmen des VDMA ein relativ hohes Maß an Übereinstim-

---

[84] Zur Veranschaulichung der genannten Fachzweige des Maschinenbaus sei auf die tabellarisch dargestellte Übersicht im Anhang A, S. 108 verwiesen.

mung auf (vgl. VDMA [Statistisches Handbuch] 2008, S. 72).[85] Als zufriedenstellend ist ebenfalls die Verteilung der Stichprobe nach Umsatz und Anzahl der Mitarbeiter anzusehen, da sie die mittelständische Struktur des deutschen Maschinenbaus zahlenmäßig widerspiegeln (vgl. VDMA [Statistisches Handbuch] 2008, S. 70f.).

Von entscheidender Bedeutung für die Beurteilung der Adäquanz der Stichprobe ist die Frage, ob in den kontaktierten Unternehmen geeignete Ansprechpartner gefunden wurden (vgl. Homburg 2000, S. 85). In gut 83% der Fälle handelte es sich um die Mitarbeiter aus dem Marketing- und Vertriebsbereich, die sich zu 75,6% auf gehobener Hierarchieebene mit den Marketingaufgaben befassen. Die Zielsetzung, kompetente Personen in Bezug auf die Problemstellung zu befragen, wurde hiermit erreicht.

Insgesamt lässt sich somit die Stichprobe von 82 befragten Unternehmen als repräsentativ für die Grundgesamtheit *Maschinenbauindustrie* beurteilen.

4.1.4 Ausgestaltung des Fragebogens

Der Aufbau des Fragebogens bezieht sich auf zwei grundlegende Aspekte: zum einen auf die optische Aufbereitung und zum anderen auf die inhaltliche Ausgestaltung des Gesamtfragebogens (vgl. Schnell et al. 2005, S. 342).

Der graphischen Gestaltung kommt insbesondere bei schriftlichen und internetgestützten Befragungen eine wichtige Rolle zu (vgl. Kühn/Kreuzer 2006, S. 153). So wurde der Fragebogen auf Empfehlung von *Schnell et al.* vom Format her großzügig und übersichtlich angelegt,[86] um den Befragten eine zügige und sichtbare Abarbeitung zu ermöglichen und so die Motivation zur Kooperation zu fördern (vgl. Schnell et al. 2005, S. 347).

---

[85] Um die Abweichung der Stichprobe von der Grundgesamtheit zu prüfen, wurde ein Chi-Quadrat-Test durchgeführt, dessen Ergebnis jedoch einen schwach signifikanten Unterschied zwischen der Stichprobe und der Grundgesamtheit erkennen ließ ($\chi^2 = 9,625$ bei vier Freiheitsgraden und α-Niveau von 0,05). Dies könnte daran liegen, dass einige der Produktarten wie z.B. Maschinen und Geräte in der Stichprobe etwas überpräsentiert, während bspw. Sondermaschinen unterrepräsentiert sind. Allerdings scheinen diese Abweichungen geringfügig zu sein, als dass die Qualität der Stichprobe grundsätzlich in Zweifel gezogen werden müsste.

[86] Der vollständige Fragebogen mit nummerierten Fragen befindet sich im Anhang B, S. 109.

In Bezug auf den Inhalt muss der Fragebogen in erster Linie ziel- und aufgabenorientiert gestaltet werden (vgl. Weis/Steinmetz 2000, S. 116). Trotz zeitlicher Restriktion[87] hat der Fragebogen die gesetzte Problemstellung umfassend zu behandeln (vgl. Mayer 2006, S. 95). Diese bezieht sich im Rahmen dieser Untersuchung in erster Linie auf die Entwicklung eines geeigneten Messinstruments zur empirischen Überprüfung relevanter Markentreiber im deutschen Maschinenbau.

Wie in Abschnitt 3.4 bereits erläutert wurde, stellen die Modellvariablen des empirischen Untersuchungsmodells latente Konstrukte dar (vgl. Abb. 5). Da diese in der Realität nicht direkt beobachtbar sind, müssen sie operationalisiert werden (vgl. Mayer 2006, S. 71).[88] Zur Operationalisierung der Konstrukte wurden manifeste *Indikatoren*[89] (Items) herangezogen, die durch einzelne Aussagen (Statements) im Fragebogen abgebildet werden. Die Indikatoren wurden zum großen Teil mittels einer fünfstufigen Likert-Skala metrischen Niveaus in quantitative Größen transformiert (vgl. Berekoven 2006, S. 73). Diese Skala reicht von „stimme gar nicht zu" über „unentschieden" bis zu „stimme voll und ganz zu" (vgl. Pepels 2007, S. 146).[90]

Um die inhaltlichen Missverständnisse bei der Beantwortung des Fragebogens zu reduzieren, wurden bis auf die Frage 59 „Angabe des Fachzweiges"[91] *geschlossene* Fragen[92] formuliert.[93]

Die zentrale Herausforderung im Rahmen der Operationalisierung bestand jedoch darin, die Zuordnung der Indikatoren zu den einzelnen, theoretischen Begriffen zu rechtferti-

---

[87] Damit ist die maximale Dauer der Befragung gemeint, die im Idealfall nicht mehr als 40 Minuten betragen soll (vgl. Weis/Steinmetz 2000, S. 116; Kirschhofer-Bozenhardt/Kaplitza 1986, S. 94).

[88] Dabei besteht die Operationalisierung eines Begriffes in der Angabe, wie Sachverhalte, die der Begriff bezeichnet, gemessen werden können (vgl. Schnell et al. 2005, S. 127).

[89] Indikatoren stellen direkt beobachtbare Ausprägungen bzw. Variablen bestimmter Merkmale (Faktoren) auf einer Dimension dar (vgl. Schnell et al. 2005, S. 131). Bspw. werden Items Nr. 57 „Anzahl der Mitarbeiter" und Nr. 58 „Umsatz des Unternehmens" als Indikatoren zur Messung des Faktors „Unternehmensgröße" verwendet (vgl. Anhang B, S. 115).

[90] Dabei wurden den einzelnen Antwortkategorien Zahlenwerte zugeordnet. Für die Antwort „stimme voll und ganz zu" wurde der numerische Wert 5 vergeben, für „stimme eher zu" der Wert 4, für „unentschieden" der Wert 3, für „stimme eher nicht zu" der Wert 2 und für „stimme gar nicht zu" der Wert 1. Bei der Dateneingabe wurde zusätzlich auf die Richtung der Items geachtet (vgl. Pepels 2007, S. 146). So erfolgte bei den positiv formulierten Statements die dargestellte Wertzuweisung (z. B. Frage Nr. 1). Bei negativ formulierten Items erfolgte die Zuordnung der numerischen Werte in die entgegengesetzte Richtung (z. B. bei den Fragen 27 und 38).

[91] Bei der „Angabe des Fachzweigs" handelt es sich um eine *offene Frage*, da hier keine Antworten vorgegeben wurden (vgl. Diekmann 2000, S. 408).

[92] Bei geschlossenen Fragen hingegen hat sich der Befragte zwischen vorgegebenen Antwortkategorien zu entscheiden (vgl. Mayer 2006, S. 90).

[93] Aus Sicht der Fragebogenauswertung sind geschlossene Fragen den offenen vorzuziehen, da die letzteren erst in Kategorien eingeteilt werden müssen, eher eine Auswertung möglich ist (vgl. Mayer 2006, S. 92).

gen (vgl. Schnell et al. 2005, S. 131). Um von den theoretisch formulierten Eigenschaften zu konkreten Messwerten zu gelangen, wurde, sofern dies möglich war, auf existierende Skalen zurückgegriffen. Die fehlende Erforschung der Markenrelevanz vor dem Kontext der Maschinenbauindustrie macht jedoch die Anpassung sowie Generierung der Messkonzepte erforderlich.

Konstrukt „Markenrelevanz"

Dem integrativen Ansatz dieser Untersuchung folgend wurde die Operationalisierung des Konstrukts *Markenrelevanz* aus der Anbieter- und Nachfragersicht vorgenommen. Befragt wurden jedoch ausschließlich die Maschinenhersteller. Argumentiert wird dieses Vorgehen mit dem Umstand, dass die Maschinenhersteller sowohl als Anbieter, als auch als Nachfrager auf dem Markt agieren und so die Markenrelevanz aus den beiden Perspektiven zu urteilen vermögen (vgl. Godefroid/Pförtsch 2008, S. 28).

Die Operationalisierung der Markenrelevanz aus der Anbietersicht erfolgte in Anlehnung an *Richter* (2007) über fünf Indikatoren[94] (vgl. Richter 2007, S. 101). Während die ersten beiden Indikatoren auf eine Abschätzung der Bedeutung der Markenthematik abzielen, fragen die anderen drei Indikatoren die konkreten, markenpolitischen Maßnahmen ab.

Die Relevanz der Marke aus der Nachfragersicht wurde demgegenüber in Anlehnung an *Caspar et al.* (2002) über vier Indikatoren[95] operationalisiert (vgl. Caspar et al. 2002, S. 55f.). Die Statements beziehen sich dabei vor allem auf die Rolle der Marke im Kaufprozess der Kunden.

Dimension „Merkmale des Produkts"

Im Rahmen dieser Dimension beschreibt das Merkmal „Komplexität" „die Schwierigkeit, die Funktionsweise eines Produktes zu verstehen sowie seine Qualität und Funktionstüchtigkeit zu beurteilen" (vgl. Dawes/Lee 1996; Kiedaisch 1997; Giering 2000, S. 136). In Anlehnung an diese Definition und an die von *Cannon* und *Homburg* (1998) entwickelte Skala erfolgte die Operationalisierung dieses Faktors über sechs Indikatoren (Item-Nr. 10-15).

Die Fragen 16, 17 und 18 stellen die Messskala des Produktmerkmals „Wert" dar. In Anlehnung an die konzeptionelle Beschreibung von *Richter* (2007) und *Giering* (2000)

---

[94] Item-Nr. 1-5 im Fragebogen (vgl. Anhang B, S. 110).
[95] Item-Nr. 6-9 im Fragebogen (vgl. Anhang B, S. 110).

wurden die Indikatoren in Bezug auf die „objektive" Bedeutung des Produkts für den Nachfrager formuliert, die von dem monetären Preis und der Wichtigkeit für den Produktionsprozess der Kunden abhängig ist (vgl. Giering 2000, S. 135).

Die fünf Indikatoren des Merkmals „Wahrnehmung der Marke" (Item-Nr. 19-23) schließen die Operationalisierung der Dimension *Produkt* ab. Die Entwicklung der Frage 19 wurde in Anlehnung an die Studie von *Caspar et al.* (2002) vollzogen, die die Messung des Merkmals durch die „(...) direkt an der Leistung sichtbare Markierungen" empfehlen (vgl. Caspar et al. 2002, S. 35). Zur Generierung der Indikatoren 20 bis 23 diente die konzeptionelle Ausarbeitung zur Wahrnehmung der Marke bzw. Bekanntheit des Unternehmens in dem gesellschaftlichen Umfeld eines Maschinenherstellers (vgl. Abschnitt 3.3.2; Schmidt 2001, S. 94f.).

Dimension „Merkmale des Kaufs"

Die „Komplexität des Beschaffungsprozesses" wurde auf der konzeptionellen Basis (vgl. Abschnitt 3.3.2) über vier Indikatoren (Item-Nr. 24-27) operationalisiert, die sich v.a. auf die Abfrage kaufprozessbezogener Kriterien *Dauer* und *Komplexität* beziehen.

Die Operationalisierung der „Beschaffungssituation" erfolgte in Anlehnung an den von *Robinson et al.* (1967) entwickelten Kaufklassenansatz (Item-Nr. 28-30). In diesem Zusammenhang wurden die befragten Maschinenhersteller zu beurteilen gebeten, inwieweit die typische Kaufsituation ihrer Kunden den drei Kaufklassen (Neukauf, modifizierter Wiederholungskauf und identischer Wiederholungskauf) entspricht (vgl. Richter 2007, S. 109).

Dimension „Merkmale der Käufer"

Zur Messung der „Heterogenität des Buying Centers" wurden die Indikatoren 31 bis 33 aus der empirischen Analyse von *Richter* (2007) übernommen. Gleichzeitig wurde die Skala um die Indikatoren 34 und 35 erweitert, die in Anlehnung an konzeptionelle Beschreibung der Kriterien *Erfahrung* und *Verantwortung* von *Backhaus* und *Voeth* entwickelt wurden (vgl. Backhaus/Voeth 2007, S. 49f.).

Die „Größe des Buying Centers" wird in dieser Untersuchung durch Angabe der Anzahl von Personen gemessen, die kundenseitig an der Kaufentscheidung üblicherweise beteiligt sind (Frage 36).

Dimension „Merkmale des Anbieters"

Die Entwicklung der Messskala zur Erhebung des „Internationalisierungsgrades" der Maschinenbauunternehmen erfolgte auf der Basis der konzeptionellen Ausarbeitung in Abschnitt 3.3.2 über vier Indikatoren (Item-Nr. 37-40). Die Items beziehen sich v.a. auf die Abfrage des Ausmaßes der internationalen Aktivitäten der Maschinenhersteller.

Die „Unternehmensgröße" wird in dieser Untersuchung durch die Angabe der Anzahl der Mitarbeiter und des Umsatzes des betrachteten Unternehmens gemessen (Fragen 57 und 58). Die Größenklassen nach der Beschäftigtenzahl wurden aus der empirischen Untersuchung von *Bausback* (2007) adaptiert, da diese Unterscheidung zwischen Unternehmen mittlerer Größe[96] sowie Großunternehmen und Kleinbetrieben der üblichen Vorgehensweise entspricht (vgl. Lehnen 2002, S. 9). Die Bildung der Umsatzgrößenklassen[97] richtete sich an den Arbeiten von *Murmann* (1994) und *Jaßmeier* (1999) aus, die im Rahmen ihrer Untersuchungen den Umsatz bereits als Maßgröße behandelt haben (vgl. Murmann 1994, S. 275).[98]

Dimension „Merkmale des Marktes"

Die Operationalisierung der „Wettbewerbsintensität" erfolgte über sechs Indikatoren (Item-Nr. 41-46), wobei die ersten vier Fragen der Messskala von *Jaworski* und *Kohli* (1993) entstammen. Diese Fragen haben bereits in diversen Untersuchungen ihre Konsistenz bewiesen (vgl. Richter 2007, S. 104). Vor dem Hintergrund der steigenden Wettbewerbsintensität im Zuge der Globalisierung wurden die vier Indikatoren in Anlehnung an *McQuiston* (2004, S. 345) um zwei weitere Indikatoren (Frage-Nr. 45 und 46) erweitert.

---

[96] In der Literatur existiert bezüglich der maximalen Beschäftigtenzahl mittelständischer Unternehmen keine einheitliche Auffassung. In der Regel wird eine Obergrenze zwischen 500 und 1000 Mitarbeitern vorgeschlagen (vgl. Lehnen 2002, S. 12). Im Rahmen dieser Untersuchung erscheint im Hinblick auf die Struktur des deutschen Maschinenbaus eine Obergrenze von 500 Mitarbeitern angemessen zu sein, da sich damit die meisten Unternehmen abbilden lassen (vgl. hier und im Folgenden Jaßmeier 1999, S. 29). Als Untergrenze und damit als Abgrenzungskriterium gegenüber Kleinunternehmen wurde eine Größe von 50 Beschäftigten gewählt, die von der Größenordnung her der gängigen wissenschaftlichen Meinung entspricht (vgl. Lehnen 2002, S. 12).

[97] Das zweite hier verwendete Größenmerkmal, der Umsatz eines Geschäftsjahres, ist eine ebenfalls nicht einheitlich verwendete Maßgröße zur Abgrenzung mittelständischer Unternehmen (vgl. Waltert 1999, S. 36). Im Rahmen dieser Untersuchung beträgt die Obergrenze für mittelständische Unternehmen der Jahresumsatz von 100 Mio. Euro. Als Untergrenze wird der Umsatz von 500.000 Euro gewählt (vgl. Jaßmeier 1999, S. 29).

[98] Zu beachten ist hierbei, dass es sich bei der Festlegung von Schwellenwerten um fließende Übergänge handelt, die bereits deutlich unter bzw. über dem gewählten kritischen Wert einsetzen können (vgl. Lehnen 2002, S. 13).

Zur Messung der „Technischen Produkthomogenität" wurde die Skala von *Richter* (2007) verwendet (Item-Nr. 47-49), die sich inhaltlich mit der Abfrage der Tendenz zur Technologiegleichheit auf dem Maschinenmarkt beschäftigt. Ergänzt wurde die Messskala um einen weiteren Indikator (Item-Nr. 50), der in Anlehnung an die konzeptionelle Beschreibung von *Mudambi et al.* (1997, S. 433): „Branding may play a powerful role, especially in industrial markets where it is increasingly difficult to maintain meaningful differentiation on the basis of product" formuliert wurde.

Anschließend wurde anhand von vier Indikatoren die „Technologische Dynamik" gemessen (Item-Nr. 51-54), die sich v.a. auf die Häufigkeit der technologischen Änderungen in der Maschinenbaubranche beziehen. Der Fragenblock entstammt der Studie von *Jaworski* und *Kohli* (1993) und wurde aufgrund seiner hohen Validitäts- und Reliabilitätswerte als besonders geeignet für die vorliegende Untersuchung eingestuft.

4.1.5 Methoden der quantitativen Analyse

Die Auswertung der vorliegenden Studie erfolgte durch das statistische Programm SPSS, Version 16.0. Dabei wurden neben deskriptiven Verfahren insbesondere die multivariaten Analysemethoden: exploratorische Faktorenanalyse sowie multiple Regression verwendet.

Die exploratorische Faktorenanalyse gehört zu strukturentdeckenden Verfahren, die primär zur Entdeckung von Zusammenhängen zwischen Variablen eingesetzt werden (vgl. Backhaus et al. 2006, S. 12). Die exploratorische Faktorenanalyse untersucht dabei eine Gruppe von Indikatorvariablen auf die ihnen zugrunde liegende Faktorenstruktur. Ziel ist es, die Indikatoren auf möglichst wenige Faktoren zu reduzieren, welche die gesamte Indikatormenge hinreichend gut repräsentieren (vgl. Hartung/Elpelt 1992, S. 505). In der vorliegenden Analyse dient sie vor allem der Überprüfung der Qualität sowie der Komplexitätsreduktion des entwickelten Messmodells (vgl. Janssen/Laatz 2007, S. 531; Pepels 2007, S. 191).[99]

---

[99] An dieser Stelle ist zu bemerken, dass im Rahmen der vorliegenden Untersuchung nicht alle Bestandteile des empirischen Modells mit Hilfe der Faktorenanalyse untersucht werden. Dies wird insbesondere mit dem kontextuellen Charakter des konzeptionellen Modells begründet, der die Einbeziehung auch solcher Variablen rechtfertigt, deren Überprüfung mittels exploratorischer Faktorenanalyse nicht sinnvoll ist (z. B. die Anzahl der Buying Center-Mitglieder).

Zur Beurteilung der Validität[100] des entwickelten Messinstruments wird das *Kaiser-Meyer-Olkin-Kriterium* (KMO) herangezogen, das auf Basis der Anti-Image-Korrelationsmatrix berechnet wird (vgl. Pospeschill 2006, S. 139). Das KMO-Kriterium zeigt an, in welchem Umfang die Indikatorvariablen zusammengehören und erlaubt in Bezug auf Stichproben-Adäquatheit eine Beurteilung sowohl der gesamten Korrelationsmatrix als auch einzelner Variablen. Sein Wertebereich liegt zwischen 0 und 1. Für die Durchführung der exploratorischen Faktorenanalyse sollte der KMO-Wert $\geq$ 0,6 sein (vgl. Backhaus et al. 2006, S. 276; Janssen/Laatz 2007, S. 557).

Zur Festlegung der Anzahl der zu extrahierenden Faktoren wird das *Kaiser-Kriterium* herangezogen (vgl. Kaiser 1974). Dieses Kriterium besagt, dass die Zahl der extrahierten Faktoren der Anzahl der Faktoren mit dem Eigenwert > 1[101] entspricht (vgl. Überla 1971, S. 125). Gefordert wird in diesem Zusammenhang, dass ein Faktor mindestens 50% der Varianz der ihm zugeordneten Indikatoren erklärt (Homburg/Giering 1996, S. 12; Homburg 2000, S. 95).

Die exploratorische Faktorenanalyse ermittelt sogenannte *Faktorladungen* als Maß für die Stärke des Zusammenhangs zwischen einem Faktor und einem Indikator (vgl. Giering 2000, S. 76). Faktorladungen entsprechen hierbei den Korrelationen zwischen den Indikatoren und den zugehörigen Faktoren. In der Literatur wird ein Mindestwert der Faktorladungen von 0,4 gefordert (vgl. Homburg/Giering 1996, S. 8).

Als Gütekriterium zur Reliabilitätsbeurteilung[102] des Messinstruments wurde das *Cronbachsche Alpha* herangezogen. Das Cronbachsche Alpha ist ein Maß für die Interne-Konsistenz-Reliabilität von Indikatoren, die denselben Faktor messen (vgl. Giering 2000, S. 77). Sein Wertebereich liegt zwischen 0 und 1. Bei der vorliegenden Analyse sollte das Cronbachsche Alpha den Wert von 0,6[103] nicht unterschreiten (vgl. Homburg/Giering 1996, S. 13). Zur Erreichung bzw. zur Verbesserung dieses Grenzwertes

---

[100] Validität oder Gültigkeit bezeichnet den Grad, zu dem die Indikatoren eines Messinstruments dem inhaltlich-semantischen Bereich eines Konstrukts angehören und dabei alle Facetten der latenten Variablen abbilden (vgl. Bohrnstedt 1970, S. 92; Berekoven et al. 2006, S. 89f.).

[101] Der Eigenwert ist der durch einen Faktor erklärte Teil der Gesamtvarianz. Je größer der Eigenwert ist, desto mehr Erklärungswert hat der Faktor (vgl. Janssen/Laatz 2007, S. 539).

[102] Mit der Reliabilität oder Zuverlässigkeit wird die formale Genauigkeit der Merkmalserfassung angesprochen. Ein Messinstrument ist dann reliabel, wenn die Messwerte bei wiederholter Messung stabil und somit reproduzierbar sind (vgl. Berekoven et al. 2006, S. 88).

[103] In der wissenschaftlichen Literatur finden sich unterschiedliche Vorgaben für den Grenzwert der akzeptablen Reliabilität. Meistens wird jedoch für die explorative Faktorenuntersuchungen ein Mindestwert von 0,6 und für konfirmatorische Analysen ein Mindestwert von 0,7 gefordert (vgl. Nunnally 1978, S. 245f.; Giering 2000, S. 77).

wurde darüber hinaus die *Item to Total-Korrelation*[104] benutzt. In der vorliegenden Studie wurde dieses Kriterium zur Elimination von solchen Indikatoren verwendet, die die niedrigsten Item to Total-Korrelation aufwiesen (vgl. Homburg 2000, S. 89).

Im Gegensatz zur exploratorischen Faktorenanalyse gehört die multiple Regression[105] zu strukturprüfenden Verfahren, die primär zur Durchführung von Kausalanalysen (Ursache-Wirkungs-Analysen) eingesetzt werden (vgl. Backhaus et al. 2006, S. 8). Die Regressionsanalyse bildet eines der flexibelsten und am häufigsten eingesetzten statistischen Analyseverfahren, die ein breites Spektrum an Anwendungsmöglichkeiten bietet[106] (vgl. Backhaus et al. 2006, S. 49). Im Rahmen der vorliegenden Untersuchung wurde sie vor allem zur Analyse von kausalen Beziehungen zwischen der Markenrelevanz und ihren Kontextfaktoren angewandt.

Die Voraussetzungen für die Anwendung der multiplen Regression bilden eine sachlogisch fundierte Vermutung (Hypothese) über den Kausalzusammenhang zwischen den zu untersuchenden Variablen, ein metrisches[107] Skalenniveau der erhobenen Daten und eine genügend große Anzahl an Beobachtungen (vgl. Pospeschill 2006, S. 79; Mayer 2006, S. 156).

Den Empfehlungen von *Backhaus et al.* folgend, erfolgte nach der Formulierung des Modells die Schätzung der Regressionsfunktion auf Basis erhobener Daten (vgl. hier und im Folgenden Backhaus et al. 2006, S, 51f.). In einem weiteren Schritt wurde die geschätzte Funktion zunächst auf ihre Güte („goodness of fit") überprüft.

Dazu wurde das *Bestimmtheitsmaß* (R^2) herangezogen. Dies ist ein globales Maß für die Güte der Anpassung der Regressionsfunktion an die empirischen Daten. Das Bestimmtheitsmaß spiegelt den Anteil der durch die Regressoren erklärten Varianz der endoge-

---

[104] Mit der Item to Total-Korrelation wird die Korrelation zwischen einem Indikator und der Summe aller dem Faktor zugeordneten Indikatoren bezeichnet (vgl. Homburg 2000, S. 89).

[105] Die Regressionsanalyse untersucht die Abhängigkeit zwischen einer zu erklärenden (abhängigen) Variable (Regressand) und einer oder mehreren erklärenden (unabhängigen) Variablen (Regressoren) (vgl. Pepels 2007, S. 172). Mathematisch wird eine Regression nach folgender Gleichung bestimmt: $y = a + bx + u$, wobei y die abhängige, x die unabhängige, a die konstante Variable, b den Steigungskoeffizient und u die Stör- bzw. Restgröße der Regressionsgeraden darstellen. Der Steigungs- bzw. Regressionskoeffizient b gibt dabei an, um wie viele Einheiten die abhängige Variable sich verändert, wenn sich die unabhängige Variable um eine Einheit erhöht. Beim Übergang vom einfachen zum multiplen Regressionsmodell nimmt die Zahl der unabhängigen Variablen zu (vgl. Hübler 2005, S. 69f.; Abschnitt 4.2.2).

[106] Zu den vielfältigen Anwendungsmöglichkeiten der Regressionsanalyse vgl. ausführlicher Backhaus et al. 2006, S. 49.

[107] Dies stellt den klassischen Fall dar. Durch Anwendung der sog. Dummy-Variablen-Technik lassen sich auch nominalskalierte Variablen in die Regressionsanalyse einbeziehen. Zu beachten ist hierbei, dass nur die unabhängigen Variablen als Dummy-Variable definiert werden können (vgl. vertiefend Backhaus et al. 2006, S. 9; Hübler 2005, S. 23).

nen (abhängigen) Variable wider (vgl. Hübler 2005, S. 139f.). Sein Wertebereich liegt zwischen 0 und 1. Jedoch lassen sich hier die allgemein gültigen Aussagen, ab welcher Höhe ein R^2 als gut einzustufen ist, nicht machen, da dies von der jeweiligen Problemstellung abhängig ist (vgl. Backhaus et al. 2006, S. 97).[108] Zur Prüfung der Gültigkeit (Signifikanz) der gesamten Regressionsgleichung wurde der *F-Test* herangezogen.[109]

Anschließend wurden die einzelnen Regressionskoeffizienten sachlogisch (auf Vorzeichen) und statistisch (auf Signifikanz) geprüft (vgl. Backhaus et al. 2006, S. 113). Zum Vergleich der Einflussstärke zwischen unabhängigen Variablen wurde jedoch der standardisierte *BETA-Koeffizient* verwendet, da die geschätzten Regressionskoeffizienten skalenabhängig sind und somit über den vergleichsweisen Einfluss einzelner Regressoren auf die abhängige Variable keine Aussagen liefern (vgl. Hübler 2005, S. 144). Die Überprüfung des statistischen Einflusses einzelner Regressionsparameter auf die abhängige Variable geschah durch den *t-Test*[110] (vgl. Berekoven et al. 2006, S. 213).

Schließlich wurde die gefundene Regressionsfunktion auf die Multikollinearität[111] und Autokorrelation[112] geprüft, um die Ergebnisqualität sicherzustellen (vgl. Berekoven et al. 2006, S. 214). Dazu wurden die Prüfkriterien *Toleranz* und *Durbin-Watson-Koeffizient* (*d*) herangezogen (vgl. Backhaus et al. 2006, S. 85f.). Als Faustregeln gelten hierbei Toleranzwerte > 0,1 (keine Kollinearität) und *d* = 2 (keine Autokorrelation), wobei *d*-Werte zwischen 1,5 und 2,5 noch akzeptabel sind (vgl. Janssen/Laatz 2007, S. 433; Hübler 2005, S. 128; Pospeschill 2006, S. 81f.).

---

[108] So bietet ein möglicherweise hohes Bestimmtheitsmaß wenig Gewähr für die Gültigkeit eines Modells, wenn dieses aufgrund nur weniger Beobachtungswerte geschätzt wurde (vgl. Backhaus et al. 2006, S. 68).

[109] Der F-Test prüft allgemein, ob das geschätzte Modell auch über die Stichprobe hinaus für die Grundgesamtheit seine Gültigkeit besitzt. Er testet die Nullhypothese auf den fehlenden Zusammenhang zwischen der Grundgesamtheit und der Stichprobe, indem alle Regressionskoeffizienten des geschätzten Regressionsmodells auf Null gesetzt werden (vgl. Backhaus et al. 2006, S. 68f.).

[110] Die Größe des t-Wertes erlaubt dabei die Aussage darüber, ob der Einfluss der unabhängigen Variable auf die abhängige Variable statistisch gesichert ist oder nicht. Im Gegensatz zu BETA-Koeffizienten liefert sie keine Aussagen darüber, ob dieser Einfluss stark oder schwach ist (vgl. Hübler 2005, S. 144).

[111] Multikollinearität liegt vor, wenn mehrere unabhängige Variablen untereinander stark korrelieren. Dies würde die Annahme des linearen Regressionsmodells verletzen und zu verzerrten Ergebnissen führen (vgl. Berekoven et al. 2006, S. 214; Backhaus et al. 2006, S. 79).

[112] Mit dem Test auf die Autokorrelation wird die Korrelation der Störgrößen geprüft. Korrelierende Störgrößen weisen dabei auf die Verletzung der Prämisse eines linearen Regressionsmodells hin (vgl. Hübler 2005, S. 68).

4.2 Auswertung und Interpretation der Untersuchungsergebnisse

4.2.1 Resultate der exploratorischen Faktorenanalyse

Das Untersuchungsobjekt dieses Teils der empirischen Analyse bildet das in Abschnitt 4.1.4 entwickelte Messinstrument. Gemäß seiner konzeptionellen Basis sind die Beziehungen zwischen dem Konstrukt der Markenrelevanz und seinen Determinanten nicht unabhängig von dem Kontext, sondern unter expliziter Berücksichtigung situativer Faktoren modelliert (vgl. Homburg 2000, S. 147). Dies bedeutet, dass die Messung der Faktoren z. T. unterschiedlich abläuft.[113] Aus diesem Grund erschien eine verdichtete Eignungsprüfung des Messinstruments über alle zwölf Faktoren nicht zweckmäßig, so dass mittels Faktorenanalyse eine isolierte Betrachtung eines einzelnen, dazu geeigneten Faktors vorgenommen wurde.

Zunächst wurde das Konstrukt der Markenrelevanz im Hinblick auf die Validität und Reliabilität der Messung überprüft. Dabei wurde die Markenrelevanz sowohl aus der Anbietersicht (vgl. Tab. 5) als auch der Nachfragerperspektive (vgl. Tab. 6) untersucht.

Markenrelevanz aus Anbietersicht				
	Bezeichnung der Indikatoren	Faktor-ladungen	Item-to-Total-Korrelation	Mittel-wert
Informationen zu den einzelnen Indikatoren	Marken sind für uns ein wichtiges Thema.	0,812	0,876	4,04
	Marken spielen in unserer Marktbearbeitung eine wesentliche Rolle.	0,826	0,871	3,73
	Wir legen regelmäßig markenbezogene Ziele fest.	0,878	0,841	2,75
	Wir formulieren markenbezogene Strate-gien.	0,892	0,839	2,93
	Wir sammeln systematisch markenbezogene Informationen.	0,766	0,882	2,84
Informationen zum Faktor A	Kaiser-Meyer-Olkin-Maß	0,796		
	Cronbachsches Alpha:	0,887		
	Erklärte Varianz:	69,896		

Tab. 5: Messung des Konstrukts „Markenrelevanz aus Anbietersicht"
Quelle: Eigene Darstellung

Die Prüfung des in der Tab. 5 dargestellten Konstrukts ergab einen „verdienstvollen" KMO-Wert von 0,796. Der Wert für das Cronbachsche Alpha liegt mit 0,887 auf einem hohen Niveau und ließ sich nicht durch die Elimination von Indikatoren weiter verbessern. Der Faktor erklärt fast 70% der Gesamtvarianz der fünf Indikatoren. Somit sind die Validität und Reliabilität der Messung des Konstrukts „ Markenrelevanz aus Anbie-

---

[113] So erfolgt bspw. die Messung des Faktors *Größe des Buying Centers* nicht durch mehrere Fragen wie bei der *Wahrnehmung der Marke*, sondern durch einen einzigen Indikator.

tersicht" als zufriedenstellend zu bezeichnen. Darüber hinaus zeigt der hohe Mittelwert von 4,04 des ersten Indikators, dass Marken durchaus als wichtig von den Maschinenherstellern beurteilt werden. Ebenfalls gute Ergebnisse in Bezug auf Güte der Messskala ergab die Überprüfung des Konstrukts „Markenrelevanz aus Nachfragersicht" (vgl. Tab. 6).[114]

Markenrelevanz aus Nachfragersicht				
	Bezeichnung der Indikatoren	Faktor-ladungen	Item-to-Total-Korrelation	Mittel-wert
Informationen zu den einzelnen Indikatoren	Der Einfluss, den die Marke auf die Kaufentscheidung hat, ist groß.	0,770	0,877	3,54
	Es ist uns wichtig, Produkte von einem Markenanbieter zu beschaffen.	0,877	0,807	3,38
	Wir achten beim Beschaffungsprozess bewusst auf Marken/Leistungen von Markenanbietern.	0,915	0,797	3,28
	Wir kaufen lieber von Markenanbietern, auch wenn wir dafür einen höheren Preis zahlen.	0,827	0,852	2,96
Informationen zum Faktor N	Kaiser-Meyer-Olkin-Maß:	0,783		
	Cronbachsches Alpha:	0,871		
	Erklärte Varianz (in %):	72,109		

Tab. 6: **Messung des Konstrukts „Markenrelevanz aus Nachfragersicht"**
Quelle: Eigene Darstellung

Die beiden Teilmessungen ergeben jeweils eine adäquate Abbildung des Konstrukts *Markenrelevanz* und können so für die anschließende Regressionsanalyse verwendet werden.

In einem weiteren Schritt wurden die den Kontextdimensionen zugrunde liegenden Faktoren in Bezug auf Güte der entwickelten Messungen untersucht. Von den ursprünglich zwölf Faktoren sind neun Faktoren der explorativen Analyse unterzogen worden (vgl. Abb. 6). Hierbei wurden acht für die weitere Untersuchung geeignete Faktoren herauskristallisiert.[115] Diese werden nachfolgend näher betrachtet.

Die explorative Analyse für die manifesten Variablen des Faktors „Komplexität des Produkts" lieferte das in der Tab. 7 dargestellte Ergebnis.

---

[114] Zu bemerken ist an dieser Stelle, dass sich bei der Elimination des Indikators „Der Einfluss, den die Marke auf die Kaufentscheidung hat, ist groß" das Cronbachsche Alpha von 0,871 auf den Wert von 0,877 steigern ließe. Aus den inhaltlichen Gründen wurde jedoch dieser Indikator beibehalten.

[115] Faktoren „Beschaffungssituation" und „Unternehmensgröße" sind für die explorative Faktorenanalyse nicht geeignet, da die Ausprägungen der jeweiligen Faktors untereinander unkorreliert und somit voneinander unabhängig sind (vgl. Schnell et al. 2005, S. 159). „Größe des Buying Centers" kann direkt über einen Indikator gemessen werden. Faktor „Internationalisierungsgrad" hielt den Gütekriterien der Faktorenanalyse nicht stand (vgl. Anhang C, S. 117).

Komplexität des Produkts				
	Bezeichnung der Indikatoren	Faktor-ladungen	Item-to-Total-Korrelation	Mittel-wert
Informationen zu den einzelnen Indikatoren	Aus Sicht des Kunden sind unsere Produkte...			
	... eher komplex.	0,749	0,859	4,04
	... schwierig zu erklären.	0,829	0,840	3,51
	... technisch eher anspruchsvoll.	0,755	0,857	4,26
	... schwer zu verstehen.	0,831	0,838	2,98
	... kompliziert in der Anwendung.	0,826	0,840	2,74
	... recht erklärungsbedürftig.	0,691	0,866	3,83
Informationen zum 1. Faktor	Kaiser-Meyer-Olkin-Maß:	0,819		
	Cronbachsches Alpha:	0,872		
	Erklärte Varianz (in %):	61,157		

Tab. 7: Messung des Faktors „Komplexität des Produkts"
Quelle: Eigene Darstellung

Wie Tab. 7 zeigt, werden für die sechs Indikatoren des untersuchten Faktors alle Gütekriterien erfüllt, so dass die Messung dieses Konstrukts als valide und zuverlässig interpretiert werden kann. Außerdem erlauben die hohen Mittelwerte der Indikatoren „Aus Sicht des Kunden sind unsere Produkte eher komplex" und „(...) technisch eher anspruchsvoll" eine Schlussfolgerung zu, dass die Komplexität ihrer Produkte von den Maschinenherstellern in der vorliegenden Stichprobe als relativ hoch eingeschätzt wurde.

Hingegen weist der Faktor „Wert des Produkts" einen KMO-Wert von 0,609 auf und ist somit bezüglich der Stichprobeneignung als „mittelmäßig" zu beurteilen (vgl. Tab. 8). Auch der Anteil der erklärten Varianz ist mit 54,6 % relativ niedrig, unterschreitet jedoch die geforderte Grenze von 50 % nicht. Dagegen hielt die Reliabilitätsanalyse mit dem Wert von 0,575 für das Cronbachsche Alpha dem geforderten Mindestwert von 0,6 nicht stand. Dieser Wert ließ sich auch durch den Ausschluss der Indikatoren nicht mehr steigern.

Wert des Produkts				
	Bezeichnung der Indikatoren	Faktor-ladungen	Item-to-Total-Korrelation	Mittel-wert
Informationen zu den einzelnen Indikatoren	Unsere Produkte haben eine hohe Bedeutung für den Kunden.	0,674	0,566	4,32
	Die einzigartigen Bestandteile machen unsere Produkte besonders wertvoll.	0,797	0,345	3,73
	Die Kunden sind bereit für unsere Produkte einen hohen Preis zu zahlen.	0,740	0,448	3,67
Informationen zum 2. Faktor	Kaiser-Meyer-Olkin-Maß:	0,609		
	Cronbachsches Alpha:	0,575		
	Erklärte Varianz (in %):	54,605		

Tab. 8: Messung des Faktors „Wert des Produkts"
Quelle: Eigene Darstellung

Da jedoch ist die Höhe des Alpha-Wertes u.a. von der Anzahl der Indikatoren abhängig,[116] sodass der niedrige Alpha-Wert mit der geringen Anzahl der verwendeten Items erklärt und somit als noch akzeptabel eingestuft werden kann (vgl. Schnell et al. 2005, S. 153).[117] Insgesamt kann von einer akzeptablen Messung des betrachteten Faktors ausgegangen werden.

Die explorative Analyse des Faktors „Öffentliche Wahrnehmung der Marke" ergab im Hinblick auf die Validität der Messung einen KMO-Wert von 0,691 (vgl. Tab. 9). Die Reliabilitätsanalyse führte zu einem Wert von 0,773 für das Cronbachsche Alpha und ist damit als zuverlässig zu beurteilen. Die erklärte Varianz der Indikatoren beträgt 53% und liegt somit im akzeptablen Wertebereich. Wie aus der Tab. 9 hervorgeht, kann die Messung insgesamt als gut bezeichnet werden, da alle Gütekriterien erfüllt werden.

Öffentliche Wahrnehmung der Marke				
	Bezeichnung der Indikatoren	Faktor-ladungen	Item-to-Total-Korrelation	Mittel-wert
Informationen zu den einzelnen Indikatoren	Unsere Produkte tragen direkt sichtbare Markierungen wie z.B. typische Schriftzüge und/oder Farben.	0,620	0,768	4,39
	Die Markennamen unserer Produkte sind unseren Kunden bereits vor dem Kauf bekannt.	0,626	0,758	4,24
	Der Name unseres Unternehmens ist der breiten Öffentlichkeit bekannt.	0,755	0,728	2,91
	Unsere Stakeholder haben eine klare Vorstellung darüber, wofür unsere Unternehmensmarke steht.	0,782	0,715	3,52
	Unsere Unternehmensmarke transportiert viele positive Assoziationen über unser Unternehmen in die Öffentlichkeit.	0,834	0,683	3,48
Informationen zum 3. Faktor	Kaiser-Meyer-Olkin-Maß:	0,691		
	Cronbachsches Alpha:	0,773		
	Erklärte Varianz (in %):	53,081		

Tab. 9: Messung des Faktors „Öffentliche Wahrnehmung der Marke"
Quelle: Eigene Darstellung

Die Reliabilitätsanalyse für den Faktor „Beschaffungskomplexität" führte zu dem Ergebnis, dass durch Eliminierung des Indikators „Der Kaufprozess unserer Kunden stellt eher eine problemlose Auftragsabwicklung dar" (Item-Nr. 27) eine höhere Faktor-

---

[116] Cronbachsches Alpha stellt eine Funktion der Anzahl von Items und ihrer Interkorrelation dar. So kann durch die Erhöhung der Indikatorzahl auch bei niedriger Interkorrelation eine hohe Reliabilität erreicht werden (vgl. vertiefend Schnell et al. 2005, S. 153).

[117] Betont sei an dieser Stelle, dass im Rahmen der vorliegenden Untersuchung nicht die simultane Erfüllung aller Gütekriterien gefordert wird. So konstatiert *Giering*, dass eine geringfügige Verletzung einzelner Gütekriterien nicht automatisch zur Ablehnung des operationalisierten Konstrukts führen darf (vgl. Giering 2000, S. 89f.). Ausschlaggebend für die Beurteilung der Messqualität sollte immer das Gesamtbild der Messung über alle Kriterien sein (vgl. Homburg 2000, S. 93).

reliabilität erreicht werden kann (vgl. Tab. 10). Das Cronbachsche Alpha erhöht sich unter Einbezug von lediglich drei Indikatoren von 0,765 auf 0,816 und liegt damit auf einem relativ hohen Niveau. Da sämtliche Validitätskriterien erfüllt werden, kann die Messung insgesamt als gut bezeichnet werden.

Beschaffungskomplexität				
Informationen zu den einzelnen Indikatoren	Bezeichnung der Indikatoren	Faktor-ladungen	Item-to-Total-Korrelation	Mittel-wert
	Der Kaufprozess unserer Kunden...			
	... ist recht komplex.	0,847	0,762	4,02
	... verläuft in mehreren Stufen.	0,873	0,729	4,28
	... ist ziemlich langwierig.	0,856	0,752	3,90
Informationen zum 4. Faktor	Kaiser-Meyer-Olkin-Maß:	0,717		
	Cronbachsches Alpha:	0,816		
	Erklärte Varianz (in %):	73,772%		

Tab. 10: Messung des Faktors „Beschaffungskomplexität"
Quelle: Eigene Darstellung

Faktor „Heterogenität des Buying Centers" erklärt insgesamt 62,21% der Varianz der ihm zugrunde liegenden Indikatoren und ist mit KMO-Wert von 0,752 als valide zu beurteilen (vgl. Tab. 11). Mit einem Wert von 0,844 für das Cronbachsche Alpha ist die entwickelte Messskala darüber hinaus als zuverlässig zu bezeichnen. Somit stellt die Kombination von fünf Indikatoren eine adäquate Messung der Heterogenität der Buying-Center-Mitglieder dar.

Heterogenität des Buying Centers				
Informationen zu den einzelnen Indikatoren	Bezeichnung der Indikatoren	Faktor-ladungen	Item-to-Total-Korrelation	Mittel-wert
	Die an der Kaufentscheidung beteiligten Personen...			
	... unterscheiden sich stark in Bezug auf ihren fachlichen Hintergrund.	0,805	0,805	3,62
	... haben häufig unterschiedliche Vorkennt-nisse, was den Kauf unserer Produkte an-geht.	0,849	0,787	3,84
	... verfolgen häufig unterschiedliche Inte-ressen/Prioritäten mit dem Kauf unserer Produkte.	0,737	0,832	3,38
	... verfügen über unterschiedliche Erfah-rung.	0,777	0,817	3,90
	... verfügen über ein unterschiedliches Ausmaß an Verantwortung bzgl. des Kaufs des Produkts.	0,770	0,819	3,80
Informationen zum 5. Faktor	Kaiser-Meyer-Olkin-Maß:	0,752		
	Cronbachsches Alpha:	0,844		
	Erklärte Varianz (in %):	62,211		

Tab. 11: Messung des Faktors „Heterogenität des Buying Centers"
Quelle: Eigene Darstellung

Die Messung des Faktors „Wettbewcrbsintensität" ergab die in der Tab. 12 dargestellten Ergebnisse. Von den ursprünglich sechs Indikatoren, die zur Operationalisierung herangezogen worden sind, ist der Indikator „Wir haben viele internationale Wettbewerber" (Item 46) eliminiert worden, um den Alpha-Wert von 0,782 auf 0,802 zu steigern. Wie Tab. 12 zeigt, werden für die verbleibenden fünf Indikatoren alle Gütekriterien erfüllt.

Wettbewerbsintensität				
	Bezeichnung der Indikatoren	Faktor-ladungen	Item-to-Total-Korrelation	Mittel-wert
	Der Wettbewerb ist in unserer Branche hart.	0,717	0,778	4,30
Informationen zu den einzelnen Indikatoren	Man hört fast täglich von neuen Aktionen der Wettbewerber.	0,678	0,793	2,89
	Unsere Branche ist durch intensiven Preis-wettbewerb gekennzeichnet.	0,849	0,722	3,74
	In unserer Branche finden häufig aggressive „Konkurrenzkämpfe" statt.	0,840	0,727	3,50
	Der Wettbewerb wird sich in Zukunft ver-schärfen.	0,660	0,791	4,14
Informationen zum 6. Faktor	Kaiser-Meyer-Olkin-Maß:	0,764		
	Cronbachsches Alpha:	0,802		
	Erklärte Varianz (in %):	56,677		

Tab. 12: Messung des Faktors „Wettbewerbsintensität"
Quelle: Eigene Darstellung

Faktor „Technische Produkthomogenität" erfüllt ebenfalls die geforderten Gütekriterien und kann damit sowohl valide als auch zuverlässig über alle angeführten Indikatoren ermittelt werden (vgl. Tab. 13).

Technische Produkthomogenität				
	Bezeichnung der Indikatoren	Faktor-ladungen	Item-to-Total-Korrelation	Mittel-wert
Informationen zu den einzelnen Indikatoren	In unserer Branche ist es schwierig, sich über technische Produktmerkmale abzu-grenzen.	0,737	0,800	2,94
	Unsere Produkte unterscheiden sich von der Funktionalität her kaum von denen der Wettbewerber.	0,842	0,737	3,04
	Unsere Produkte und die der Wettbewerber haben nahezu den gleichen Kundennutzen.	0,813	0,758	3,33
	Die Produkte gleichen sich technisch gese-hen immer mehr an.	0,808	0,759	3,23
Informationen zum 7. Faktor	Kaiser-Meyer-Olkin-Maß:	0,777		
	Cronbachsches Alpha:	0,812		
	Erklärte Varianz (in %):	64,165		

Tab. 13: Messung des Faktors „Technische Produkthomogenität"
Quelle: Eigene Darstellung

Für den Faktor „Technologische Dynamik" ergab die Prüfung der Validität der Messung einen KMO-Wert von 0,665 und ist somit als akzeptabel zu bezeichnen (vgl. Tab. 14). Der Faktor erklärt fast 70% der Gesamtvarianz der drei Indikatoren.

Technologische Dynamik				
	Bezeichnung der Indikatoren	Faktor-ladungen	Item-to-Total-Korrelation	Mittel-wert
Informationen zu den einzelnen Indikatoren	Die Technologie in unserer Branche verändert sich schnell.	0,818	0,735	3,02
	In unserer Branche herrscht ein hoher Innovationsdruck.	0,887	0,606	3,52
	Aufgrund des technologischen Fortschritts gibt es in unserer Branche große Chancen.	0,797	0,763	3,56
Informationen zum 8. Faktor	Kaiser-Meyer-Olkin-Maß:	0,665		
	Cronbachsches Alpha:	0,782		
	Erklärte Varianz (in %):	69,745		

Tab. 14: Messung des Faktors „Technologische Dynamik"
Quelle: Eigene Darstellung

Die Reliabilitätsanalyse führte jedoch zum Ergebnis, dass durch den Ausschluss des Indikators „Es ist schwer vorherzusagen, auf welchem Stand die Technologie in unserer Branche in 2 bis 3 Jahren sein wird" (Item-Nr. 54) eine höhere Faktorreliabilität erreicht werden kann. Der Alpha-Wert erhöht sich unter Einbezug von drei Indikatoren von 0,738 auf 0,782 und liegt damit deutlich über dem geforderten Mindestwert von 0,6. Da alle Gütekriterien erfüllt sind, kann die Messung insgesamt als gut eingestuft werden.

Nachdem alle exploratorisch erfassbaren Konstrukte gemessen und bereinigt wurden, erfolgt im zweiten Schritt der empirischen Analyse die Messung von kausalen Zusammenhängen zwischen den Modellvariablen und damit die Überprüfung von Hypothesen.

4.2.2 Resultate der multiplen Regression

Zur Überprüfung der in Abschnitt 3.3.2 aufgestellten Hypothesen in Bezug auf Einflussgrößen und deren Auswirkungen auf die Markenrelevanz in der Maschinenbaubranche wird zunächst ein Regressionsmodell aufgestellt. Die Markenrelevanz wird in diesem Modell als abhängige bzw. endogene Variable berücksichtigt (MR_Y). Die in Abschnitt 4.2.1 mittels explorativen Analyse untersuchten acht Faktoren der drei Kontextdimensionen bilden die exogenen Variablen. Zusätzlich werden als exogenen Variablen die Indikatoren der Faktoren „Größe des Buying Centers", „Beschaffungssituation" (nur Item-Nr. 28) und „Unternehmensgröße" in dem Regressionsmodell berücksichtigt. Die im Modell erfassten Regressionskoeffizienten β_1 bis β_{12} kennzeichnen die Effekte der zwölf exogenen Variablen auf die endogene Variable. Das allgemeine Ausgangsmodell setzt sich demnach wie folgt zusammen (vgl. Abb. 8):

$$MR\_Y = \beta_0 + \beta_1 \cdot \text{Produktkomplexität} + \beta_2 \cdot \text{Wert des Produkts} + \beta_3 \cdot \text{Wahrnehmung der Marke} + \beta_4 \cdot \text{Beschaffungskomplexität} + \beta_5 \cdot \text{Neukauf} + \beta_6 \cdot \text{Heterogenität des BC} + \beta_7 \cdot \text{Anzahl der BC-Mitglieder} + \beta_8 \cdot \text{Umsatz} + \beta_9 \cdot \text{Anzahl der Mitarbeiter} + \beta_{10} \cdot \text{Wettbewerbsintensität} + \beta_{11} \cdot \text{Technische Produkthomogenität} + \beta_{12} \cdot \text{Technologische Dynamik} + u$$

Abb. 8: Ausgangsmodell der Regression
Quelle: Eigene Darstellung

Die Schätzung des Regressionsmodells ergab die in der Tab. 15 dargestellten Ergebnisse. Es wurden zwei Regressionsfunktionen geschätzt: die Funktion MR_N berücksichtigt als endogene Variable die Markenrelevanz aus Nachfragersicht und die Funktion MR_A die Markenrelevanz aus Anbietersicht.

			MR_N		MR_A	
			Regressions-koeffizient	Toleranz	Regressions-koeffizient	Toleranz
Produkt	Komplexität	H1 (+)	0,19	0,578	0,15	0,612
	Wert	H2 (+)	**0,2***	0,681	**0,22****	0,692
	Wahrnehmung der Marke	H3 (+)	**0,29*****	0,804	**0,38*****	0,807
Kauf	Beschaffungskomplexität	H4 (-)	- 0,19	0,621	**- 0,22***	0,631
	Beschaffungssituation (Neukauf)	H5 (+)	0,15	0,813	- 0,13	0,831
Käufer	Heterogenität des BC	H6 (+)	0,07	0,701	0,01	0,701
	Größe des BC	H7 (+)	- 0,11	0,647	- 0,12	0,651
Anbieter	Internationalisierungsgrad	H8 (+)	-	-	-	-
	Unternehmens-größe — Umsatz	H9 (+)	0,06	0,483	**0,26****	0,823
	Unternehmens-größe — Anzahl der MA	H9 (+)	- 0,13	0,456	-	-
Markt	Wettbewerbsintensität	H10 (+)	**0,27****	0,828	**0,23****	0,830
	Technische Produkthomogenität	H11 (+)	**0,19***	0,845	- 0,02	0,845
	Technologische Dynamik	H12 (+)	0,08	0,730	0,13	0,776
Modellgüte	Bestimmtheitsmaß (R²)		0,318		0,437	
	F-Wert		2,683		4,937	
	Durbin-Watson-Statistik		1,844		2,202	
Anmerkungen:	*: t > 1,282 (10%-Niveau) **: t > 1,645 (5%-Niveau) ***: t > 2,326 (1%-Niveau)					

Tab. 15: Ergebnisse der Regressionsschätzung
Quelle: Eigene Darstellung

In Bezug auf die Güte der beiden Regressionsfunktionen lässt sich konstatieren, dass die globalen Maße zur Beurteilung der Modellgüte insgesamt relativ gute Werte aufweisen. Für die Markenrelevanz aus Sicht des Nachfragers werden demnach fast 32% (R^2 = 0,318) der Streuung durch die Modellvariablen erfasst. Aus Sicht der Maschinenanbieter werden fast 44% (R^2 = 0,437) der Variation der Markenrelevanz durch die im Modell berücksichtigten Variablen erklärt.[118] Die beiden Bestimmtheitsmaße sind darüber hinaus mit empirischen F-Werten von 0,005 (MR_N) und 0,000 (MR_A) als hoch signifikant zu bezeichnen (vgl. Anhang D). Die hohe Signifikanz der Modelle erlaubt somit die Schlussfolgerung, dass in der Grundgesamtheit *Maschinenbaubranche* tatsächlich ein Zusammenhang zwischen den Modellvariablen existiert. Zudem liegen die Durbin-Watson-Koeffizienten und Toleranz-Werte innerhalb der in der Literatur empfohlenen Grenzen, so dass insgesamt die geschätzten Regressionsmodelle als gut beurteilt werden können.

Nachfolgend sollen die empirischen Ergebnisse in Bezug auf die postulierten Hypothesen eingehender betrachtet werden (vgl. hierzu auch Tab. 15):

Merkmale des Produkts: *Hypothese 1* wird nicht bestätigt. Demnach besteht kein signifikanter Zusammenhang zwischen der Komplexität der Produkte in der Maschinenbaubranche und der Markenrelevanz. Die Daten liefern also keine Hinweise darauf, dass die Produktkomplexität per se die Bedeutung der Marke steigert (H1: β_{1N} = 0,19 und β_{1A} = 0,15; nicht signifikant). Ein Erklärungsansatz für den fehlenden Zusammenhang könnte darin gesehen werden, dass die angebotenen Leistungen häufig stark erklärungsbedürftig sind (vgl. Voeth/Rabe 2004, S. 78). Die Erklärungsbedürftigkeit variiert dabei innerhalb einzelner Fachzweige der Maschinenbaubranche und hängt sowohl von der Zahl technischer Merkmale als auch vom individuellen Wissensstand der Käufer ab. Es werden also eher leistungsspezifische Einzelbewertungen von Produktmerkmalen und nicht eine leistungsübergreifende Bewertung auf der Globalebene der Industriegütermarke vorgenommen (vgl. Caspar et al. 2002, S. 35; Richter 2007, S. 121). *Hypothesen 2* und *3* finden hingegen die erwartete Bestätigung. Es bestehen demnach signifikante positive Zusammenhänge zwischen dem Wert des Produkts (H2: β_{2N} = 0,2; p < 10% und β_{2A} = 0,22; p < 5%) sowie der öffentlichen Wahrnehmung der Marke (H3: β_{3N} = 0,29; p < 1% und β_{3A} = 0,38; p < 1%) und der Markenrelevanz. *Hypothese 3* weist dabei den höchsten

---

[118] Hinzuweisen ist an dieser Stelle, dass diese Werte durch die Einbeziehung weiterer Größen, wie z.B. Informationsstand der Käufer oder Anzahl der Hersteller, im Rahmen zukünftiger Arbeiten gesteigert werden können (vgl. Caspar et al. 2002, S. 34f.; Richter 2007, S. 119).

Totaleffekt in Bezug auf die Markenrelevanz auf.[119] Je wichtiger also ein Produkt für die Kunden und je erkennbarer die genutzte Leistung als Markenprodukt eines Maschinenherstellers ist, desto größer ist die Bedeutung der Industriegütermarke.

Merkmale des Kaufs: Auch die *Hypothese 4* hat sich empirisch bewährt. So übt die steigende Komplexität des Beschaffungsprozesses einen signifikant negativen Effekt auf die Bedeutung der Marke aus (H4: β_{3A} = - 0,22; p < 10%). Die Relevanz der Marke in der Maschinenbaubranche sinkt folglich mit steigender Beschaffungskomplexität. Im MR_N-Modell unterstützen die Daten zwar das postulierte negative Vorzeichen des Effekts, jedoch ist dieser hier nicht signifikant. Da aber die beiden endogenen Variablen aus der gleichen Stichprobe stammen, ist zur Bestätigung der Hypothese die Signifikanz des Effekts im MR_A-Modell ausreichend. Dagegen wird die *Hypothese 5* in keinem der geschätzten Regressionsmodelle bestätigt. Die empirischen Ergebnisse unterstützen hier nicht den postulierten positiven Zusammenhang zwischen der Neuartigkeit des Kaufs und der Markenrelevanz (H5: β_{5N} = 0,15 und β_{5A} = - 0,13; nicht signifikant). Dieses Ergebnis könnte allerdings durch die Eigenheiten der Stichprobe zustande gekommen sein. So haben mehr als 50 % der befragten Unternehmen angegeben, dass die typische Kaufsituation ihrer Kunden sowohl der Neukauf als auch der Wiederkauf ist.

Merkmale der Käufer: Weder *Hypothese 6* noch *Hypothese 7* konnten empirisch bestätigt werden. Die erhobenen Daten liefern also keine Hinweise darauf, dass die Größe (H6: β_{6N} = - 0,11 und β_{6A} = - 0,12; nicht signifikant) und die Heterogenität des Buying Centers (H7: β_{7N} = 0,07 und β_{7A} = 0,01; nicht signifikant) die Relevanz der Industriegütermarke steigern. Im Hinblick auf eine mögliche Erklärung ist festzuhalten, dass die Anzahl der BC-Mitglieder positiv von der Komplexität des Entscheidungsprozesses beeinflusst wird (vgl. Voeth/Rabe 2004, S. 91f.). Die steigende Beschaffungskomplexität senkt jedoch nachweislich die Relevanz der Marke und kann damit durch ambivalente Wirkungsrichtung den Einfluss der Größe des Buying Centers auf die Markenrelevanz relativieren. In Bezug auf die empirischen Ergebnisse zur Heterogenität des Buying Centers lässt sich konstatieren, dass die für den Kauf relevanten Informationen aufgrund von Arbeitsteilung generell in verschiedenen Funktionsbereichen bzw. Personen konzentriert sind (vgl. Robinson et al. 1967, S. 122). Je höher dabei die Unterschiedlichkeit der Zusammensetzung eines Buying Centers ist, desto höher dürften der

---

[119] Der Vergleich der Stärke des Einflusses zwischen verschiedenen Regressoren lässt sich in diesem Fall anhand der Regressionskoeffizienten vornehmen, da diese zahlenmäßig kaum von den BETA-Koeffizienten abweichen (vgl. Anhang D, S. 140f.).

Abstimmungsbedarf und damit die Relevanz der Marke als informationseffizienzfördernder Aspekt sein. Jedoch kann eine stark heterogene Zusammensetzung des Buying Centers dazu führen, dass aufgrund der höheren Beurteilungskompetenz das wahrgenommene Risiko bezüglich der Kaufentscheidung sinkt, was die Bedeutung der Marke in ihrer Funktion als unsicherheitsreduzierendes Element grundsätzlich mindert (vgl. Richter 2007, S. 121; Fließ 2000, S. 306).

Merkmale des Anbieters: In Bezug auf die *Hypothese 8* lassen sich keine Aussagen machen, da das Konstrukt „Internationalisierungsgrad" keine adäquate Messung darstellt (vgl. Abschnitt 4.2.1) und somit nicht in der Regressionsanalyse berücksichtigt wurde. *Hypothese 9* wird dagegen empirisch bestätigt. Während in dem MR_N-Modell der postulierte Zusammenhang zwischen der Unternehmensgröße bzw. ihren Ausprägungen und der Markenrelevanz nicht nachgewiesen werden kann (H9: β_{8N} = 0,06 und β_{9N} = -0,13; nicht signifikant), ist der Einfluss der Unternehmensgröße im MR_A-Modell positiv signifikant (H9: β_{8A} = 0,26; p < 5%). Interessant ist in diesem Zusammenhang die Tatsache, dass hierbei nur der Umsatz die Markenrelevanz signifikant beeinflusst (vgl. Tab. 14). Die Anzahl der Mitarbeiter beeinflusst die Relevanz der Marke im MR_A-Modell anhand der empirischen Daten nicht.[120] Dieses Ergebnis erscheint jedoch aufgrund der überwiegend mittelständischen Struktur des deutschen Maschinenbaus recht plausibel. So haben bspw. die Mittelständler wie KUKA und TRUMPF die Erfolgspotenziale der Markenpolitik für ihr Geschäft längst erkannt und genutzt (vgl. Ginter/ Dambacher 2002, S. 54). Anbieterseitig hängt also die Relevanz der Marke im Maschinenbau nur von den finanziellen Ressourcen und nicht von der Anzahl der Mitarbeiter ab.

Merkmale des Marktes: Bis auf *Hypothese 12* werden alle Untersuchungshypothesen aus diesem Bereich bestätigt. Es bestehen demnach signifikant positive Zusammenhänge zwischen der Wettbewerbsintensität (H10: β_{10N} = 0,27 und β_{10A} = 0,23; p < 5%) sowie der technischen Produkthomogenität (H11: β_{11N} = 0,19; p < 10%) und der Markenrelevanz in der Maschinenbaubranche. In Bezug auf die Wettbewerbsintensität lässt sich konstatieren, dass der positive Effekt dieses Faktors sowohl hoch signifikant als auch

---

[120] Da die Modellbildung als iterativer Prozess zu verstehen ist, können die Variablen zum Zwecke der Modellverbesserung entfernt bzw. aufgenommen werden (vgl. Backhaus et al. 2006, S. 113). Aufgrund dessen wurde die exogene Variable „Anzahl der Mitarbeiter" aus dem MR_A-Modell entfernt, wodurch sich die auf diese Weise modifizierte Regressionsfunktion den positiv signifikanten Einfluss des Umsatzes auf die Markenrelevanz erkennen ließ (vgl. Anhang D). Diese Modifikation bewirkte jedoch im MR_N-Modell keine derartige Verbesserung, so dass die ursprüngliche Variablenkombination dieses Modells beibehalten wurde (vgl. Tab. 15; Anhang D, S. 144f.).

relativ stark ausgeprägt ist. Dagegen unterstützen die Daten den postulierten positiven Zusammenhang zwischen der technologischen Dynamik und der Markenrelevanz nicht (H12: β_{12N} = 0,08 und β_{12A} = 0,13; nicht signifikant). Die mögliche Erklärung hierfür könnte zum einen darin liegen, dass unter der Dynamik verstandene "Neuartigkeit" eines Entwicklungsproblems nicht den Regelfall in der Maschinenbaubranche darstellt bzw. durch die vorliegende Stichprobe nicht repräsentiert wird. So basiert ein Großteil der kundenindividuellen Leistungsbündel im Maschinenbau eher auf Anpassungen und Weiterentwicklungen bestehender Systeme in Bezug auf einzelne Leistungsmerkmale, als auf umfassenden Neuentwicklungen (vgl. Lehnen 2002, S. 195f.). Zum anderen führt die anteilmäßige Zunahme der Informations- und Steuerungstechnologie bei vielen Maschinenbauprodukten zur steigenden Flexibilität im Hinblick auf die Einsatzmöglichkeiten der computergesteuerten Maschinen. Die Hersteller reagieren folglich schneller und flexibler auf die individuellen Kundenbedürfnisse. Damit stellt eher die technische Flexibilität und nicht die Marke ein kaufentscheidendes Kriterium für den Kunden und eine Möglichkeit zur Produktdifferenzierung für den Anbieter dar[121] (vgl. Jaßmeier 1999, S. 38; Beutel 1988, S. 149).

Der folgende Abschnitt gibt abschließend eine Gesamtbeurteilung der wichtigsten Ergebnisse der empirischen Untersuchung.

4.2.3 Zusammenfassende Beurteilung zentraler empirischer Ergebnisse

Die empirische Untersuchung betrachtete die Beziehungen zwischen der Markenrelevanz und ihren Kontextfaktoren. Dabei wurde einer zweistufigen Vorgehensweise gefolgt, bei der sich die Überprüfung von Kausalzusammenhängen erst an die Anwendung exploratorischer Analyse, dem Verfahren der sogenannten ersten Generation[122], anschließt (vgl. Homburg/Giering 1996, S. 8).

So konnte die Validierung von Messinstrumenten der Modellvariablen mittels exploratorischer Faktorenanalyse zeigen, dass die entwickelten Skalen größtenteils die konzeptionelle Richtigkeit einzelner Konstrukte wiedergeben. Von den neun untersuchten Fak-

---

[121] Dieser Sachverhalt wird ebenfalls in der Studie von *Homburg et al. (2006)* diskutiert. Die Autoren weisen empirisch nach, dass die Befragten der technischen Flexibilität deutlich höhere Kaufverhaltensrelevanz als der Marke beimessen (vgl. Homburg et al. 2006, S. 290).
[122] Zu den Verfahren der zweiten Generation zählt die konfirmatorische Faktorenanalyse (vgl. Giering 2000, S. 78).

toren hat lediglich der Faktor „Internationalisierungsgrad" die geforderten Gütekriterien nicht erfüllt. Einschränkend lässt sich festhalten, dass die Konstrukte aufgrund ihres situativen Charakters isoliert betrachtet wurden und somit keine Aussagen über den Gesamtfit des Modells abgeleitet werden konnten.

Des Weiteren hat die empirische Überprüfung der postulierten Zusammenhänge zwischen der Markenrelevanz und den Kontextfaktoren ergeben, dass lediglich sechs von zwölf Hypothesen bestätigt werden konnten. Insgesamt kann die Markenrelevanz für den Maschinenmarkt somit über folgende sechs Kontextfaktoren prognostiziert werden:

1. Je höher der *Wert* bzw. die Bedeutung einer Leistung für die Käufer ist, desto größere Rolle spielt die Marke im Kaufprozess und desto relevanter ist sie.

2. Je stärker die Marke in der *Öffentlichkeit wahrgenommen* wird, desto relevanter wird sie im Kaufprozess industrieller Käufer.

3. Je *komplexer* der *Beschaffungsprozess* der Kunden verläuft, desto weniger relevant wird die Rolle der Marke bei der Kaufentscheidung.

4. Je mehr *Kapitalressourcen* einem Maschinenhersteller zur Verfügung stehen, desto wichtiger wird die Markenführung für ihn.

5. Die *Intensivierung des Wettbewerbs* auf dem Maschinenmarkt führt zur steigenden Relevanz der Marke.

6. Die Höhe der Markenrelevanz hängt ebenfalls von dem Ausmaß der *technischen Produkthomogenität* ab.

Dabei variiert die Signifikanz und Stärke des jeweiligen Effekts in Abhängigkeit von der gewählten Betrachtungsperspektive (vgl. auch Tab. 15). So sind Effekte 1, 2 und 5 sowohl aus der Anbieter- als auch Nachfragersicht signifikant, während Effekte 3 und 4 nur aus der Anbieterperspektive und Effekt 6 aus der Nachfragersicht signifikant sind. Somit wird der Marke, je nach dem aus welchem Blickwinkel ihre Betrachtung stattfindet, eine z. T. unterschiedliche Bedeutung beigemessen.

Nicht signifikant ist dagegen der Einfluss der Kontextfaktoren „Heterogenität" und „Größe" des Buying Centers und damit der Kategorie *Käufer* auf die Markenrelevanz. Der Grund hierfür könnte v.a. darin liegen, dass durch die ausschließliche Befragung der *Anbieter* die notwendigen Kundeninformationen nur verzerrt erhoben werden konnten.

Nach der Zusammenfassung der empirischen Ergebnisse werden nachfolgend markenpolitische Gestaltungsperspektiven für die Unternehmenspraxis abgeleitet.

5 Ausgewählte Analyse- und Gestaltungsperspektiven eines strategischen Industriegütermarkenmanagements

5.1 Status quo der Markenpolitik von Maschinenbauunternehmen

> *„Es genügt nicht zum Fluss zu kommen mit dem Wunsch Fische zu fangen. Du musst auch das Netz mitbringen" (Aus China)*

Obwohl die Maschinenhersteller ein steigendes Interesse am Markenkonzept bekunden, gibt es bisher kaum Erkenntnisse darüber, wie sie ihr Markenmanagement gegenwärtig in der Praxis betreiben (vgl. Richter 2007, S. 169; Caspar et al. 2002, S. 45). Um einen Überblick über das Management von Industriegütermarken im deutschen Maschinenbau zu vermitteln, werden nachfolgend die empirischen Ergebnisse anhand deskriptiver Statistiken näher betrachtet.

Im Hinblick auf die grundlegende Frage nach der Relevanz von Marken in der Maschinenbaubranche zeigt sich, dass ca. 78% der befragten Maschinenbauunternehmen markenpolitischen Themen eine hohe Bedeutung im Rahmen ihrer Geschäftstätigkeit beimessen (vgl. Abb. 9).[123]

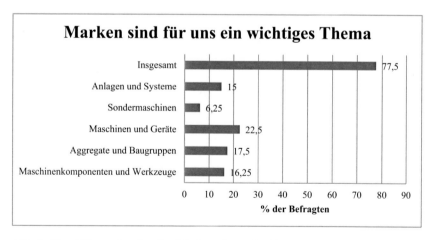

Abb. 9: **Einschätzung der aktuellen Markenrelevanz im Maschinenbausektor**
Quelle: Eigene Darstellung

---

[123] Demgegenüber messen die Unternehmen der Marke aus Käufersicht tendenziell weniger Bedeutung bei (Mittelwert = 3,54 der Frage 6: „Der Einfluss, den die Marke auf die Kaufentscheidung hat ist groß"; vgl. Abschnitt 4.2.1).

Die Maschinenhersteller schätzen zwar die Bedeutung der Industriegütermarke für den Unternehmenserfolg als hoch ein, jedoch agieren nur wenige, wie es von einer erfolgreichen Marke erwartet wird. Die Analyse einzelner Aspekte des Industriegütermarkenmanagements zeigt eine deutliche Diskrepanz zwischen der generellen Einstellung zum Markenkonzept und seiner Umsetzung in der Praxis (vgl. Abb. 10).[124]

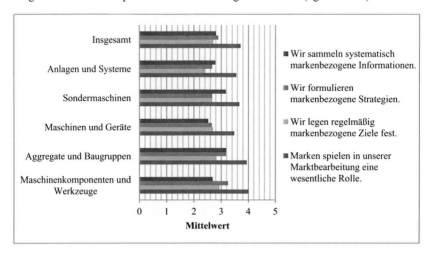

Abb. 10: Markenpolitische Aktivitäten von Maschinenbauunternehmen
Quelle: Eigene Darstellung

So zeigen die tendenziell niedrigen Mittelwerte in fast allen branchenspezifischen Marktsegmenten, dass den markenpolitischen Aktivitäten in der Praxis wenig Beachtung geschenkt wird bzw. sie finden kaum statt. Nur in rund einem Drittel der befragten Maschinenbauunternehmen werden regelmäßig klare Ziele definiert und daraus zielgerichtete Markenstrategien abgeleitet.[125] Ebenfalls wird der Suche nach markenbezogenen Informationen nur in wenigen der befragten Unternehmen systematisch nachgegangen. Dies bedeutet, dass viele Maschinenhersteller die erheblichen Erfolgspotenziale der aktiven Markenpolitik nicht nutzen oder diese noch nicht erkannt haben.

Auf diesen Erkenntnissen als auch auf den Ergebnissen der vorangegangenen Analyse aufbauend (vgl. Abschnitt 4.2), ergeben sich für die Unternehmenspraxis erhebliche Verbesserungspotenziale in Bezug auf die branchenspezifische Markenpolitik.

---

[124] *Willhardt* spricht in diesem Zusammenhang von einem Spannungsfeld zwischen dem „Markenanspruch und Wirklichkeit" (vgl. Willhardt 2008, S. 32).
[125] Die Werte der prozentualen Verteilung befinden sich im Anhang E, S. 146.

5.2 Strategische Optionen

Die steigende Relevanz der Industriegütermarke bildet eine zentrale Voraussetzung für einen systematischen Prozess des Markenaufbaus und Markenmanagements. Ausgehend von einem Verständnis der Markenrelevanz im jeweiligen Produktsegment muss der erfolgreiche Markenaufbau anbieterspezifisch betrieben werden, wobei sich der grundlegende Prozess kaum von dem für das Konsumgütermarketing unterscheidet (vgl. Backhaus et al. 2002, S. 54).

Wie die Ergebnisse der Regressionsanalyse zeigen, besitzen insbesondere die Eigenschaften der Produkte einen ausgeprägten Einfluss auf die Bedeutung der Industriegütermarke im Kaufprozess. Die Erfolgspotenziale einer Marke steigen vor allem dann, je stärker ein Unternehmen von den verschiedenen Anspruchsgruppen wahrgenommen wird (vgl. Abschnitt 4.2.2). Eine erfolgreiche Markenstrategie beinhaltet jedoch mehr als nur das bloße Kommunizieren eines Unternehmensnamens. Die Marke selbst benötigt eine Geisteshaltung und Positionierung, die aus dem Unternehmen von innen heraus wirken muss (vgl. Soretz 2002, S. 27).

Der erste Schritt zu einer starken Marke ist daher immer ein konzeptioneller. Es geht hierbei um die Frage der Identität des Unternehmens: Wer sind wir, was können wir und wie wollen wir von unseren Kunden gesehen werden? (vgl. hier und im Folgenden Wiedmann 1994, S. 1037f.; Britz 2008, S. 72). Dieses Selbstverständnis der Anbieterunternehmen basiert auf einer Corporate-Identity-Konzeption[126], die die spezifische Unternehmenspersönlichkeit konsequent und stimmig im Innen- und Außenverhältnis vermitteln soll. Diese Definitionen weisen auf enge Verbindung zur Markenidentität hin, wobei zu beachten ist, dass ohne eine enge Verzahnung von Markenmanagement und Corporate Identity in einem integrierten Managementkonzept die Bemühungen um den Markenaufbau immer an der Oberfläche behaftet bleiben (vgl. Wiedmann 2001, S. 17f.).

Einen zentralen Stellenwert für eine erfolgreiche Positionierung und Profilierung in Markt und Gesellschaft bildet in diesem Zusammenhang die Etablierung einer Unternehmensmarke (Corporate Brand), bei der sämtliche Angebote des Maschinenherstel-

---

[126] Mit Corporate Identity wird eine spezifische Unternehmenspersönlichkeit bezeichnet, die durch ein komplexes Muster an Wahrnehmungen, Einschätzungen und Erwartungen seitens aller Austauschpartner bezogen auf die gesamte Unternehmenskultur geprägt wird (vgl. ausführlicher Wiedmann 2001, S. 18).

lers unter einer zentralen Dachmarke zusammengefasst werden (vgl. hier und im Folgenden Wiedmann 2001, S. 17). Eine eindeutige Differenzierung zwischen einer Unternehmensmarke und Produktmarke erscheint hierbei nicht sinnvoll, da eine Firmenmarke immer durch die existierenden Produkte geprägt wird, wie auch umgekehrt die Vorstellungen über das dahinter stehende Unternehmen immer auch einzelne Produktmarken beeinflussen können.[127] Damit fungiert ein Corporate Brand als verdichtetes Signal der Gesamtheit der Leistungspotenziale und Verhaltensweisen eines Unternehmens, das neben Produktqualitäten elementare Merkmale des Anbieters wie seine Verlässlichkeit, Offenheit, Grundhaltung und Identität kommuniziert (vgl. Merbold 1993, S. 579). Bezogen auf die Unternehmensmarke sind demnach die Markenidentität und die Corporate Identity als übereinstimmend zu interpretieren (vgl. Zeplin 2006, S. 30). Die Führung einer Unternehmensmarke erfordert daher äußerste Sorgfalt und Pflege, da Fehler sich unmittelbar auf das gesamte Image auswirken können (vgl. Kemper 2000, S. 254).

Für den Einsatz einer Unternehmensmarke spricht insbesondere ein begrenztes finanzielles Potenzial der meisten Maschinenbauunternehmen, das häufig auch als Grund für die Ablehnung eines Markenaufbaus angegeben wird (vgl. Kemper 2000, S. 290; Bausback 2007, S. 289; Abschnitt 4.2.2). Das Beispiel der mittelständischen AUBEMA Crushing Technology GmbH in Bergneustadt zeigt jedoch, dass ein erfolgreicher Markenaufbau auch mit relativ niedrigen finanziellen Aufwendungen möglich ist (vgl. hier und im Folgenden Britz 2008, S. 72f.).

Erst nachdem geklärt war, dass AUBEMA für Zerkleinerungstechnologie für Maschinen der Grundstoffindustrie steht und sehr spezielles Know-how in der kundenindividuellen Konstruktion der Hammermühlen und Walzenbrechern hat, begann der Aufbau einer visuellen Identität. Erreicht wurde dies mit einem weitgehenden Verzicht auf Fotos in der Werbung und großformatigen Zeichnungen[128] der Maschinen im Kundengespräch. Stattdessen baute das Unternehmen seinen Webauftritt aus und setzte durch Themen und Exponate Akzente bei den Messen. Um die Funktionalität der jeweiligen

---

[127] Hierbei ist insbesondere die Kombination beider Markenstrategien sinnvoll, um der Marktsituation einzelner Angebote besser entsprechen zu können (vgl. Kemper 2000, S. 305). Als Beispiel für sogenannte Portfolio-Strategie kann die ULTRAFILTER International AG in Haan angeführt werden, bei der alle Systemlösungen des Hauses gemäß einer Dachmarkenstrategie mit dem Teilwort „Ultra-" beginnen und einer entsprechenden Produktbezeichnung enden, wie z.B. Ultramat, Ultrapac oder Ultracool. Damit wird die Kommunikation wesentlich effizienter, da die Markennamen sind leicht zu merken und ermöglichen so die Differenzierung im Markt. So sprechen die Kunden bspw. nicht von einer Kühlwasser-Rückkühlanlage, sondern von dem Ultracool (vgl. Thunig 2003, S. 32).
[128] Detaillierte Zeichnungen der Produkte bilden im Maschinenbau eine weit verbreitete Kommunikationsmaßnahme, die damit die Differenzierung vom Wettbewerb erschwert (vgl. Britz 2008, S. 72).

Maschine zu verdeutlichen, setzte AUBEMA statt Zeichnungen auf den plakativen Einsatz von animierten Piktogrammen, die die Gesprächsinhalte von den Details der Maschinen zum Prozess der Anlage hin lenkten. Die Maschinen bekamen eine einheitliche blaue Farbe sowie ein klares Branding mit dem Aubema-Logo. Das „Gesicht" von AUBEMA wurde dabei konsequent beibehalten, auch wenn es behutsam weiterentwickelt wurde. Durch die eindeutige Positionierung und zielgruppengerichtete Präsentation des Unternehmens als prozesskompetenter Engineering-Partner seiner weltweit agierenden Kunden, konnte das Unternehmen seinen Umsatz innerhalb von zwölf Jahren verdreifachen, wobei das Jahresbudget für Marketing die 100.000-Euro-Grenze nie überschritten hat.

Wie das Beispiel der AUBEMA GmbH zeigt, erfordert eine erfolgreiche Markenführung in der Maschinenbauindustrie neben Erfolgsfaktoren wie Kundenorientierung, Konsistenz und Klarheit vor allem auch Konstanz, Dauerhaftigkeit und Kontinuität (vgl. Merbold 1995, S. 414). Diese markenpolitischen Zeitaspekte bilden den Garanten für Stabilität, Zuverlässigkeit sowie Zukunftssicherheit und fördern den Aufbau des Vertrauensverhältnisses zwischen dem Anbieterunternehmen und seinen Kunden (vgl. Größer 1991, S. 206). Der Markenaufbau erfordert somit Zeit, wobei hier ein Zeithorizont von 5 bis 10 Jahren als realistisch angesehen wird (vgl. Godefroid/Pfötsch 2008, S. 218). In diesem Kontext besteht insbesondere bei Stellenneubesetzungen die Gefahr, dass neue Produktmanager mit dem Ziel der Profilierung eigener Person den eingeschlagenen Markenkurs stark verändern und damit den langfristigen Markenerfolg gefährden (vgl. Schmidt 2001, S. 279). Es ist also v.a. die Aufgabe der obersten Managementebene, verstärkt auf die Einhaltung bestimmter markenpolitischer Standards unter der Berücksichtigung des Langzeit-Aspekts zu achten (vgl. Willrodt 2004, S. 3f.; Kapferer 1992, S. 19).

Ein weiterer markenpolitischer Erfolgsfaktor ist der Aufbau eines richtigen Markenverständnisses bei den Mitarbeitern, auch wenn es aufgrund der hohen Technologieorientierung in Maschinenbauunternehmen oft schwierig ist (vgl. Bausback 2007, S. 289). Um die Markenidentität nach außen glaubhaft zu kommunizieren, muss das ganze Unternehmen hinter dem Markenkonzept stehen, d.h. die Bedeutung der Marke sollte sowohl in Produktionshallen und Büros als auch den Verkäufern und dem Kundendienst bekannt sein (vgl. Wiedmann 2001, S. 19; Kapferer 1992, S. 327).

Auch wenn die Analyse des Einflusses des Internationalisierungsgrads auf die Relevanz der Marke aufgrund der Untersuchungsergebnisse gescheitert ist, schätzen jedoch die Maschinenhersteller die Ausrichtung ihrer Geschäftstätigkeiten in hohem Maße als international ein.[129] Darüber hinaus wünschen sich die befragten Unternehmen zukünftig eine noch stärkere Präsenz auf dem globalen Markt.[130] Um dies zu erreichen bzw. den Marktauftritt langfristig zu sichern, sind zumindest drei Anforderungen zu beachten (vgl. hier und im Folgenden Merbold 1993, S. 580):

- Weltweit identischer Markenauftritt.[131]

- Jede internationale Marke benötigt „kulturelle Offenheit" im Rahmen einer definierten Markenstrategie. Unter der Prämisse der weltweiten Gleichartigkeit muss die Marke in gewissem Maße auch national differenzierte und den jeweiligen Kulturen entsprechende Inhalte zulassen.

- Jede internationale Marke benötigt eine „Heimat", die ihr Substanz und Position vermittelt. Internationaler Auftritt und nationaler Bezug sind dabei keine Widersprüche, sondern Voraussetzungen eines erfolgreichen Markenmanagements.

Jedoch nützt auch die beste Markenstrategie wenig, wenn ihre Nachhaltigkeit und ihr Erfolg nicht gemessen werden (vgl. Winterling 1993, S. 86). Es gilt hierbei die Markenpositionierung in regelmäßigen Zeitabständen zu überprüfen, um die nötige strategische Flexibilität in der Markenführung zu gewährleisten (vgl. Barten, 2006, S. 63). Zu nennen sind in diesem Zusammenhang Kontrollmechanismen wie Marken-Audits sowie diverse Informations-, Planungs- und Koordinationsinstrumente (vgl. Godefroid/ Pförtsch 2008, S. 217).

Insgesamt lässt sich festhalten, dass das Potenzial von Marken in der Maschinenbauindustrie noch längst nicht ausgeschöpft ist. Hiermit besteht für die Maschinenbauunternehmen eine große Chance, im Sinne eines „First Movers", die Marktverhältnisse durch systematisches Markenmanagement langfristig zu ihrem eigenen Vorteil zu gestalten und somit einen dauerhaften Vorsprung gegenüber den Wettbewerbern zu erzielen (vgl. Schröder/Perrey 2002, S. 31).

---

[129] Diese Schlussfolgerung konnte aus den hohen Zustimmungsraten zu dem Statement 37 (Mittelwert = 4,42): „Die Produkte unseres Unternehmens werden weltweit nachgefragt" gezogen werden.
[130] Item 40 (Mittelwert = 3,9): „Die Produkte unseres Unternehmens sollen in Zukunft stärker international nachgefragt werden" deutet in diesem Zusammenhang auf signifikante Zustimmung.
[131] Würde eine Unternehmensmarke von Land zu Land unterschiedlich auftreten, so wären Verwirrungen und Defizite das Ergebnis (vgl. Merbold 1993, S. 580).

6   Schlussbetrachtung und Ausblick

Die Motivation für die vorliegende Studie resultierte aus dem seit einigen Jahren deutlich gestiegenen Interesse sowohl seitens Wissenschaft als auch Unternehmenspraxis an der Konzeption der Industriegütermarke. Gefragt wurde in diesem Zusammenhang, ob und inwieweit sich der ursprünglich aus dem Konsumgüterbereich stammende Markenansatz auch in dem Industriegüterbereich anwenden lässt.

Vor diesem Hintergrund bestand das Ziel dieser Untersuchung, die Bedeutung der Marke durch eine theoretisch-konzeptionelle sowie empirische Untersuchung zu erforschen, wobei der Untersuchungsgegenstand auf die Maschinenbaubranche eingegrenzt wurde. Der konkrete Forschungsbedarf wurde hierzu in Form von zwei zentralen Forschungsfragen spezifiziert. Zum einen ging es um die Beantwortung der Frage nach der grundsätzlichen Relevanz der Industriegütermarke für die Maschinenbauunternehmen. Zum anderen sollte geklärt werden, welche situative Merkmale die Markenrelevanz beeinflussen und welcher Handlungsbedarf sich hieraus für das strategische Markenmanagement ergibt.

Zur Verfolgung der aufgestellten Forschungsziele wurden zunächst die relevanten Arbeiten zur Bedeutung der Industriegütermarke systematisiert und auf entsprechende Anhaltspunkte durchleuchtet. Darauf aufbauend wurde auf der Basis des modifizierten SOR-Paradigmas ein Bezugsrahmen entwickelt, wodurch fünf Kategorien der möglichen Einflussfaktoren der Markenrelevanz identifiziert wurden: Merkmale des Produkts, Merkmale des Kaufs, Merkmale der Käufer, Merkmale der Anbieter sowie Merkmale des Marktes. Die Konzeptualisierung diente als Grundlage zur Ableitung eines hypothesenprüfenden Untersuchungsmodells, mit dem die postulierten Zusammenhänge zwischen den Einflussfaktoren und Markenrelevanz mittels multivariater Analyseverfahren überprüft wurden.

Die zentrale inhaltliche Erkenntnis der durchgeführten Untersuchung besteht darin, dass die Relevanz des Markenmanagements sich keineswegs auf den Konsumgüterbereich beschränken lässt, sondern ebenfalls in der stark technologieorientierten Maschinenbaubranche erhebliche Erfolgspotenziale birgt. Angesichts der dynamischen Veränderungen in der Wirtschaft ist die technische Überlegenheit allein kein ausschlaggebender Markterfolgsfaktor mehr.

Von der kombinierten Anbieter- und Käuferperspektive ausgehend, konnte darüber hinaus ein Nachweis dafür geliefert werden, dass die Markenrelevanz von Faktoren aus unterschiedlichen Bereichen beeinflusst wird. Während die Merkmale des Käufers keinen empirisch bestätigten Einfluss auf die Relevanz der Marke ausüben, weisen sechs Merkmale aus der Produkt-, Kauf-, Anbieter- und Marktkategorie einen signifikanten Effekt auf die Bedeutung der Marke aus. Positiv beeinflussen die Markenrelevanz hierbei Merkmale „Wert" des Produkts, „Wahrnehmung der Marke", „Umsatz" des Anbieters, „Wettbewerbsintensität" und „technische Produkthomogenität". Ein signifikant negativer Zusammenhang besteht dagegen zwischen Markenbedeutung und „Beschaffungskomplexität". Das Wissen über diese Faktoren ermöglicht es Maschinenbauunternehmen mit unterschiedlichem Leistungsangebot, Produktionsgüter mit hohem Markenbildungspotenzial zu identifizieren und den Markenaufbau entsprechend auszurichten. Unter Beachtung der Besonderheiten des B2B-Bereichs lassen sich insbesondere identitätsbasierte Markenkonzepte aus dem Konsumgüterbereich weitgehend auf die Industriegütermarke übertragen.

Durch die Beantwortung wesentlicher Fragestellungen unterliegt die vorliegende Studie auch gewissen Restriktionen, die zugleich Anknüpfungspunkte für zukünftige Forschung darstellen. Eine wesentliche Limitation ist darin zu sehen, dass die Betrachtung der Markenrelevanz im Maschinenbau auf aggregierter Ebene erfolgte. In zukünftigen Studien könnte die Auseinandersetzung mit dem Markenmanagement einzelner Fachbereiche differenzierter vorgenommen werden. Des Weiteren behandelte die vorliegende Untersuchung ausschließlich die Marke als kaufentscheidendes Kriterium. Als Anregung für zukünftige Forschungsarbeiten kann die Betrachtung der Industriegütermarke um weitere Kaufkriterien wie bspw. Service, Prozessqualität und Preisbereitschaft erweitert werden. Darüber hinaus bieten sich insbesondere die ermittelten Kontext-Dimensionen der Markenrelevanz zur Weiterentwicklung im Rahmen zukünftiger Arbeiten an. So könnten Hypothesen, die in dieser Untersuchung nicht bestätigt wurden, auf der Basis eines erweiterten Modells überprüft werden. Abschließend sei auf den bislang kaum untersuchten internationalen Aspekt der Markenführung hingewiesen, welcher speziell in der Maschinenbaubranche eine wesentliche Rolle spielt und damit ein wichtiges Forschungsfeld in der Zukunft darstellt.

Literaturverzeichnis

Aaker, D. A. (1996)

Building strong brands, London 1996.

Adler, J. (1996)

Informationsökonomische Fundierung von Austauschprozessen: Eine nachfragerorientierte Analyse, Wiesbaden 1996.

Baaken, T. (1990)

Technologie-Marketing, in: Kliche, M. (Hrsg.), Investitionsgütermarketing - Positionsbestimmung und Perspektiven, Wiesbaden 1990, S. 289-309.

Backhaus, K. (1993)

Geschäftstypspezifisches Investitionsgütermarketing, in: Droege, W./Backhaus, K./Weiber, R. (Hrsg.), Strategien für Investitionsgütermärkte – Antworten auf neue Herausforderungen, Landsberg/Lech 1993, S. 100-109.

Backhaus, K. (1998)

Investitionsgütermarketing: Herkunft und Zukunft, in: Büschken, J./Meyer, M./Weiber, R. (Hrsg.), Entwicklungen des Investitionsgütermarketing, Wiesbaden 1998, S. 39-68.

Backhaus, K. (2003)

Industriegütermarketing, 7., erweiterte und überarbeitete Aufl., München 2003.

Backhaus, K./Sabel, T. (2004)

Markenrelevanz auf Industriegütermärkten, in: Backhaus, K./Voeth, M. (Hrsg.), Handbuch Industriegütermarketing: Strategien – Instrumente – Anwendungen, Wiesbaden 2004, S. 779-797.

Backhaus, K./Voeth, M. (2007)

Industriegütermarketing, 8., vollständig neu bearbeitete Aufl., München 2007.

Backhaus, K./Bonus, T./Sabel, T. (2004)

Industriegütermarketing im Spiegel der internationalen Lehrbuchliteratur, in: Backhaus, K./Voeth, M. (Hrsg.), Handbuch Industriegütermarketing: Strategien – Instrumente – Anwendungen, Wiesbaden 2004, S. 22-46.

Backhaus, K./Schröder, J./Perry, J. (2002)

B2B-Märkte – Die Jagd auf Markenpotenziale kann beginnen, in: Absatzwirtschaft, 11/2002, S. 48-54.

Backhaus, K./Erichson, B./Plinke, W./Weiber, R. (2006)

Multivariate Analysemethoden – Eine anwendungsorientierte Einführung, 11., überarbeitete Aufl., München 2006.

Bagozzi, R./Fornell, C. (1982)

Theoretical concepts, measurements and meaning, in: Fornell, C. (Hrsg.), A second generation of multivariate analysis: measurement and evaluation, New York 1982.

Barten, G. (2006)

Die starke Marke im Investitionsgütergeschäft – Selbstbild und Fremdbild müssen übereinstimmen, in: VDMA Nachrichten 2006, Ausgabe 8, S. 62-63.

Baumgarth, C. (2004)

Markenpolitik: Markenwirkungen – Markenführung – Markencontrolling, 2., überarbeitete und erweiterte Aufl., Wiesbaden 2004.

Baumgarth, C./Douven, S. (2006)

Business-to-Business-Markenforschung – Entwicklungsstand und Forschungsausblick, in: Strebinger, A./Mayerhofer, W./Kurz, H. (Hrsg.), Werbe- und Markenforschung: Meilensteine – State oft he Art - Perspektiven, Wiesbaden 2006, S. 135-167.

Baumgarth, C./Haase, N. (2005a)

Markenrelevanz jenseits von Konsumgütern, in: Planung & Analyse, Nr. 3, S. 44-48.

Becker, J. (1992)

Markenartikel und Verbraucher, in: Dichtl, E./Eggers, W. (Hrsg.), Marke und Markenartikel als Instrumente des Wettbewerbs, München 1992, S. 97-127.

Behlke, J. (2002)

Die Bedeutung der Marke in der Investitionsgüterindustrie, in: VDMA Nachrichten 2002, Ausgabe 9, S. 21-22.

Belz, C./Kopp, K.-M. (1994)

Markenführung für Investitionsgüter als Kompetenz- und Vertrauensmarketing, in: Bruhn, M. (Hrsg.), Handbuch Markenartikel – Anforderungen an die Markenpolitik aus Sicht von Wissenschaft und Praxis, Band 3, Stuttgart 1994, S. 1577-1601.

Berekoven, L./Eckert, W./Ellenrieder, P. (2006)

Marktforschung – Methodische Grundlagen und praktische Anwendung, 11., überarbeitete Aufl., Wiesbaden 2006.

Beutel, R. (1988)

Unternehmensstrategien international tätiger mittelständischer Unternehmen, Frankfurt a.M. 1988.

Bidmon, S. (2004)

Kundenzufriedenheit im Investitionsgütermarketing – Theoretische Basis und praktische Durchführung der Messung, Wiesbaden 2004.

Bieberstein, I. (2006)

Dienstleistungs-Marketing, in: Weis, H. C. (Hrsg.), Modernes Marketing für Studium und Praxis, 4., überarbeitete und aktualisierte Auflage, Ludwigshafen 2006.

Binckebanck, L. (2006)

Interaktive Markenführung – Der persönliche Verkauf als Instrument des Markenmanagements im B2B-Geschäft, Wiesbaden 2006.

Böhler, H. (2004)

Marktforschung, 3., völlig neu bearbeitete und erweiterte Aufl., Stuttgart 2004.

Bohrnstedt, G. (1970)

Reliability and validity assessment in attitude measurement, in: Summers, G. (Hrsg.), Attitude measurement, London 1970.

Britz, N. (2008)

Von der Maschinenfabrik zum Engineering-Partner, in: VDMA Nachrichten 2008, Ausgabe 5, S. 72-73.

Bruhn, M (2004)

Begriffsabgrenzungen und Erscheinungsformen von Marken, in: Bruhn, M. (Hrsg.), Handbuch Markenführung, Band 1, 2., vollständig überarbeitete und erweiterte Auflage, Wiesbaden 2004, S. 3-50.

Büschken, J. (1997)

Welche Rolle spielen Investitionsgüter-Marken?, in: Absatzwirtschaft, 41/1997, S. 192-195.

Bugdahl, V. (1998)

Marken machen Märkte – Eine Anleitung zur erfolgreichen Markenpraxis, München 1998.

Burmann, C./Maloney, P. (2006)

Absatzmittlergerichtetes Markenmanagement, in: Burmann, C. (Hrsg.), Markenmanagement, Band 3, Münster 2006.

Burmann, C./Meffert, H. (2005)

Theoretisches Grundkonzept der identitätsorientierten Markenführung, in: Meffert, H./Burmann, C./Koers, M. (Hrsg.), Markenmanagement: identitätsorientierte Markenführung und praktische Umsetzung, 2. Aufl., Wiesbaden 2005, S. 37-72.

Cannon, J./Homburg, C. (1998)

Buyer-supplier relationships and customer firm costs, Working Paper No. 13, Institute for the Study of Business Markets, Pennsylvania State University.

Caspar, M/Hecker, A./Sabel, T. (2002)

Markenrelevanz in der Unternehmensführung – Messung, Erklärung und empirische Befunde für B2B-Märkte, MCM/McKinsey-Reihe zur Markenpolitik, Arbeitspapier Nr.4, Westfälische Wilhelms-Universität, Münster 2002.

Dawes, P./Lee, D. (1996)

Communication intensity in large-scale organizational high technology purchasing decisions, in: Journal of Business-to-Business Marketing, 1996, H. 3, S. 3-38.

Deraed, P. (2003)

Maschinenbau 2010 – Steigerung der Ertragskraft durch innovative Geschäftsmodelle, http:www.oliverwyman.com/de/pdf-files/PM_Maschinenbaustudie_digital.pdf; Abruf am: 21.07.2009.

Diekmann, A. (2000)

Empirische Sozialforschung – Grundlagen, Methoden, Anwendung, Reinbek 2000.

Donnevert, T. (2009)

Markenrelevanz – Messung, Konsequenzen und Determinanten, Wiesbaden 2009.

Douven, S./Baumgarth, C. (2008)

Ist die Marke eine effektive Marketingorientierung im B-to-B-Kontext? Ergebnisse einer empirischen Studie in der Automobilzuliefererindustrie, in: Baumgarth, C./Kelemci Schneider, G./Ceritoglu, B. (Hrsg.), Impulse für die Markenforschung und Markenführung, Wiesbaden 2008, S. 187-208.

Droege, W./Backhaus, K./Weiber, R. (1993)

Trends und Perspektiven im Investitionsgütermarketing – eine empirische Bestandsaufnahme, in: Droege, W. (Hrsg.), Strategien für Investitionsgütermärkte: Antworten auf neue Herausforderungen, Landsberg/Lech 1993, S. 17-98.

Engelhardt, W. H./Günter, B. (1981)

Investitionsgüter-Marketing – Anlagen, Einzelaggregate, Teile, Roh- und Einsatzstoffe, Energieträger, Stuttgart u. a. 1981.

Esch, F.-R. (2007)

Moderne Markenführung: Grundlagen – Innovative Ansätze – Praktische Umsetzungen, 4., Auflage, Wiesbaden 2007.

Fischer, M./Hieronimus, F./Kranz, M. (2002)

Markenrelevanz in der Unternehmensführung – Messung, Erklärung und empirische Befunde für B2C-Märkte, MCM/McKinsey-Reihe zur Markenpolitik, Arbeitspapier Nr.1, Westfälische Wilhelms-Universität, Münster 2002.

Fitzgerald, R. L. (1989)

Investitionsgütermarketing auf Basis industrieller Beschaffungsentscheidungen, Wiesbaden 1989.

Fließ, S. (2000)

Industrielles Kaufverhalten, in: Kleinaltenkamp, M/Plinke, W. (Hrsg.), Technischer Vertrieb – Grundlagen des Business-to-Business-Marketing, 2. Aufl., Berlin Heidelberg 2000, S. 251-370.

Freter, H./Baumgarth, C. (2005)

Ingredient Branding – Begriff und theoretische Begründung, in: Esch, F. R. (Hrsg.), Moderne Markenführung: Grundlagen – Innovative Ansätze – Praktische Umsetzungen, 4., vollständig überarbeitete und erweiterte Auflage, Wiesbaden 2005, S. 455-480.

Fritz, W. (1994)

Marketing – notwendig auch für Investitionsgüterhersteller, in: Thexis, 11/1994, H. 3, S. 49-57.

Garbe, B. (2000)

Marktforschung im Industriegütersektor – Vom Kundenwunsch zum Produktkonzept, in: Hermann, A./Homburg, C. (Hrsg.), Marktforschung – Methoden, Anwendungen, Praxisbeispiele, 2., aktualisierte Aufl., Wiesbaden 2000, S. 1109-1126.

Giering, A. (2000)

Der Zusammenhang zwischen Kundenzufriedenheit und Kundenloyalität – Eine Untersuchung moderierender Effekte, Wiesbaden 2000.

Gietl, J. (2008)

Markenstrategie im Maschinenbau – In Sachen Zuverlässigkeit und Flexibilität bleiben Kundenwünsche unerfüllt, in: Maschinenmarkt - das Industrieportal, http://www.maschinenmarkt.vogel.de/themenkanaele/managementundit/marketingundvertrieb/articles/111796/; Abruf am: 16.06.09.

Ginter, T./Dambacher, J. (2002)

Markenpolitik im B2B-Sektor, in: Baaken, T. u. a. (Hrsg.), Business-to-Business-Kommunikation: Neue Entwicklungen im B2B-Marketing, Berlin 2002, S. 53-68.

Godefroid, P./Pförtsch, W. (2008)

Business-to-Business-Marketing, in: Weis, H. C. (Hrsg.), Modernes Marketing für Studium und Praxis, 4., überarbeitete und erweiterte Auflage, Ludwigshafen 2008.

Größer, H. (1991)

Der klassische Markenartikel – Versuch einer Wesensbestimmung, in: Markenartikel, 5/1991, S. 200-207.

Hansen, U./Bode, M. (1999)

Marketing und Konsum – Theorie und Praxis von der Industrialisierung bis ins 21. Jahrhundert, München 1999.

Hartung, J./Elpelt, B. (1992)

Multivariate Statistik, 4. Aufl., München 1992.

Herr, S. (2002)

Mehr Gewinn durch starke Marken, in: VDMA Nachrichten 2002, Ausgabe 9.

Herrmann, A./Homburg, C. (2000)

Marktforschung: Ziele, Vorgehensweisen und Methoden, in: Herrmann, A./Homburg, C. (2000), Marktforschung: Methoden, Anwendungen, Praxisbeispiele, 2., aktualisierte Aufl., Wiesbaden 2000.

Homburg, C. (2000)

Kundennähe von Industriegüterunternehmen: Konzeption – Erfolgsauswirkungen – Determinanten, 3., aktualisierte Aufl., Wiesbaden 2000.

Homburg, C./Giering, A. (1996)

Konzeptualisierung und Operationalisierung komplexer Konstrukte - Ein Leitfaden für die Marketingforschung, in: Marketing – Zeitschrift für Forschung und Praxis, 18/1996, S. 5-24.

Homburg, C./Krohmer, H. (2003)

Marketingmanagement: Strategie – Instrumente – Umsetzung – Unternehmensführung, Wiesbaden 2003.

Homburg, C./Schneider, J. (2001)

Industriegütermarketing, in: Tscheulin, D./Helmig, B. (Hrsg.), Branchenspezifisches Marketing. Grundlagen – Besonderheiten – Gemeinsamkeiten, Wiesbaden 2001, S. 587-613.

Homburg, C./Jensen, O./Richter, M. (2006)

Die Kaufverhaltensrelevanz von Marken im Industriegüterbereich, in: Unternehmung, 60/2006, S. 281-296.

Hopf, M. (1983)

Ausgewählte Probleme zur Informationsökonomie, in: Wirtschaftswissenschaftliches Studium, 12/1983, H. 6, S. 313-318.

Hübler, O. (2005)

Einführung in die empirische Wirtschaftsforschung, München 2005.

Hundsdörfer, R. (2002)

Markenpolitik – Nicht nur ein Thema für die Konsumgüterindustrie, sondern auch ein wichtiges Instrument für die Investitionsgüterindustrie, in: VDMA Nachrichten 2002, Ausgabe 9.

Hutton, J. G. (1997)

A study of brand equity in an organizational-buying context, in: Journal of Product & Brand Management, 6/1997, S. 428-439.

Irmscher, M. (1997)

Markenwertmanagement – Aufbau und Erhalt von Markenwissen und – vertrauen im Wettbewerb. Eine informationsökonomische Analyse, Frankfurt a.M. u. a. 1997.

Janssen, J./Laatz, W. (2007)

Statistische Datenanalyse mit SPSS für Windows, 6., neu bearbeitete und erweiterte Aufl., Berlin u.a. 2007.

Jaßmeier, A. (1999)

Marketingstrategien für deutsche Investitionsgüter in den Schwellenländern Ost- und Südostasiens, Lohmar 1999.

Jaworski, B. J./Kohli, A. (1993)

Market orientation: antecedents and consequences, in: Journal of Marketing, 57/1993, S. 53-70.

Kaas, K. (1992)

Marketing und Neue Institutionenlehre, Arbeitspapier Nr.1, Johann Wolfgang Goethe Universität, Frankfurt 1992.

Kaiser, H. (1974)

An index of factorial simplicity, in: Psychometrika, 39/1974, S. 31-36.

Kalla, R. (1993)

Erfolgreiche Umsetzung einer globalen Nischenstrategie für junge High-Tech-unternehmen, in: Droege, W./Backhaus, K./Weiber, R. (Hrsg.), Strategien für Investitionsgütermärkte – Antworten auf neue Herausforderungen, Landsberg/Lech 1993, S. 162-171.

Kapferer, J.-N. (1992)

Die Marke – Kapital des Unternehmens, Landsberg (Lech) 1992.

Kapferer, J.-N. (1997)

Strategic brand management, 2. Aufl., Kogan Page/London 1997.

Kapferer, J.-N. (2008)

The new strategic brand management: creating and sustaining brand equity long term, 4. Aufl., London 2008.

Kapferer, J.-N./Laurent, G. (1988)

Consumer brand sensitivity: a key to measuring and managing brand equity, in: Leuthesser, L. (Hrsg.), Defining, measuring and managing brand equity, proceedings of the marketing science institute conference, Austin, Texas, S. 12-15.

Kapitza, R. (2004)

Erfolgreiches Marketing im Werkzeugmaschinenbau, in: Backhaus, K./Voeth, M. (Hrsg.), Handbuch Industriegütermarketing: Strategien – Instrumente – Anwendungen, Wiesbaden 2004, S. 1103-1122.

Keller, K. L./Lehmann, D. R. (2006)

Brands and branding: research findings and future priorities, in: Marketing Science, 25/2006, S. 740-759.

Kemna, A. (1993)

Marktorientierte Unternehmensführung im Maschinen- und Anlagenbau - Marketing ist mehr als geschicktes Verkaufen, in: Droege, W./Backhaus, K./Weiber, R. (Hrsg.), Strategien für Investitionsgütermärkte – Antworten auf neue Herausforderungen, Landsberg/Lech 1993, S. 125-133.

Kemper, A. C. (2000)

Strategische Markenpolitik im Investitionsgüterbereich, Köln 2000.

Kemper, A. C./Bacher, M. (2004)

Markenpolitik für Industriegüter, 1. Teil, in: Markenartikel, 5/2004, S. 34-38.

Kiedaisch, I. (1997)

Internationale Kunden-Lieferanten-Beziehungen, Determinanten, Steuerungsmechanismen, Beziehungsqualität, Wiesbaden 1997.

Kirschhofer-Bozenhardt, A./Kaplitza, G. (1986)

Der Fragebogen, in: Holm, K. (Hrsg.), Die Befragung 1, Tübingen 1986, S. 92-126.

Kleinaltenkamp, M. (2000)

Einführung in das Business-to-Business-Marketing, in: Kleinaltenkamp, M/Plinke, W. (Hrsg.), Technischer Vertrieb – Grundlagen des Business-to-Business-Marketing, Berlin Heidelberg 2000, S. 171-245.

Köhler, R. (1994)

Tendenzen des Markenartikels aus der Perspektive der Wissenschaft, in: Bruhn, M. (Hrsg.), Handbuch Markenartikel, Band 3, Stuttgart 1994, S. 2061-2089.

Köhler, R. (2004)

Entwicklungstendenzen des Markenwesens aus Sicht der Wissenschaft, in: Bruhn, M. (Hrsg.), Hanbuch Markenführung, Bd. 1, 2. Auflage, Wiesbaden 2004, S. 2765-2798.

Kohlert, H. (2003)

Marketing für Ingenieure, München 2003.

Kotler, P./Pfoertsch, W. (2006)

B2B Brand Management, Berlin u. a. 2006.

Kotler, P./Keller, K. L./Bliemel, F. (2007)

Marketing-Management, 12. Auflage, München 2007.

Kraft, A. (1992)

Das Markenrecht in Deutschland und in der Europäischen Gemeinschaft, in: Dichtl, E./Eggers, W. (Hrsg.), Marke und Markenartikel als Instrumente des Wettbewerbs, München 1992, S. 247-268.

Krämer, C. (1993)

Marketingstrategien für Produktionsgüter, Wiesbaden 1993.

Krist, H. (1993)

Investitionsgütermarketing der neunziger Jahre – Lernen vom Konsumgütermarketing?, in: Droege, W. (Hrsg.), Strategien für Investitionsgütermärkte: Antworten auf neue Herausforderungen, Landsberg/Lech 1993, S. 326-332.

Kroeber-Riel, W./Weinberg, P. (2003)

Konsumentenverhalten, 8., aktualisierte und ergänzte Auflage, München 2003.

Kroeber-Riel, W./Weinberg, P./Gröppel-Klein, A. (2009)

Konsumentenverhalten, 9., überarbeitete, aktualisierte und ergänzte Auflage, München 2009.

Kromrey, H. (1995)

Empirische Sozialforschung – Modelle und Methoden der Datenerhebung und Datenauswertung, Opladen 1995.

Kühn, R./Kreuzer, M. (2006)

Marktforschung – Best Practices für Marketingverantwortliche, Bern u.a. 2006.

Kusterer, A./Diller, H. (1992)

Kaufrisiko, in: Diller, H. (Hrsg.), Vahlens großes Marketinglexikon, München 1992.

Kutschker, M. (1992)

Die Wahl der Eigentumsstrategie der Auslandsniederlassungen in kleinen und mittleren Unternehmen, in: Kumar, B. N./Haussmann, H. (Hrsg.), Handbuch der internationalen Unternehmenstätigkeit, München 1992, S. 497-530.

Kutz, O. (2004)

Lizenzmarkenmanagement, in: Zerres, C./Zerres, M. (Hrsg.), Markenforschung – Analyse aktueller Ansätze in Wissenschaft und Praxis, München/Mering 2004, S. 113-137.

Lehnen, M. (2002)

Wettbewerbsstrategie und regionale Reichweite – Internationalisierung mittelständischer Maschinenbauunternehmen, Wiesbaden 2002.

Ludwig, W. F. (2000)

Branding erobert auch die Investitionsgüterindustrie – Strategische Markenführung für Produktionsgüter. Ingredient Branding: Markenpolitik im Business-to-Business-Geschäft, in: Markenartikel, 2/2000, S. 16-25.

Mayer, H. O. (2006)

Interview und schriftliche Befragung – Entwicklung, Durchführung und Auswertung, 3., überarbeitete Aufl., München Wien 2006.

McQuiston, D. H. (2004)

Successful branding of a commodity product: the case of RAEX LASER Steel, in: Industrial Marketing Management, 33/2004, S. 345-354.

Meffert, H. (2000)

Marketing, 9. Auflage, Wiesbaden 2000.

Meffert, H. (2006)

Was macht eine starke Marke aus? – Identitätsorientierte Markenführung als Fundament, in: Herbrand, N. O./Röhrig, S. (Hrsg.), Die Bedeutung der Markentradition für die Markenkommunikation, Stuttgart 2006, S. 125-150.

Meffert, H./Bierwirth, A. (2002)

Corporate Branding – Führung der Unternehmensmarke im Spannungsfeld verschiedener Zielgruppen, in: Meffert, H./Burmann, C./Koers, M. (Hrsg.), Markenmanagement: Grundfragen der identitätsorientierten Markenführung, Wiesbaden 2002, S. 181-200.

Meffert, H./Burmann, C. (2000)

Markenbildung und Markenstrategien, in: Albers, S./Hermann, A. (Hrsg.), Handbuch Produktionsmanagement, Wiesbaden 2000, S. 167-187.

Meffert, H./Burmann, C. (2002)

Markenmanagement – Grundlagen der identitätsorientierten Markenführung, Wiesbaden 2002.

Meffert, H./Burmann, C./ Koers, M. (2005)

Stellenwert und Gegenstand des Markenmanagements, in: Meffert, H./Burmann, C./Koers, M. (Hrsg.), Markenmanagement – Identitätsorientierte Markenführung und praktische Umsetzung, 2., vollständig überarbeitete und erweiterte Auflage, Wiesbaden 2005, S. 4-17.

Merbold, C. (1993)

Zur Funktion der Marke im technischen Unternehmen, in: Markenartikel, 1993, H. 12, S. 578-580.

Merbold, C. (1995)

Die Investitionsgüter-Marke, in: Markenartikel, 1995, H. 9, S. 414-417.

Mudambi, S. (2002)

Branding importance in business-to-business markets – three buyer clusters, in: Industrial Marketing Management, 31/2002, S. 525-533.

Mudambi, S./Doyle, P./Wong, V. (1997)

An exploration of branding in industrial markets, in: Industrial Marketing Management, 26/1997, S. 433-446.

Murmann, P. (1994)

Zeitmanagement für Entwicklungsbereiche im Maschinenbau, Wiesbaden 1994.

Nieschlag, R./Dichtl, E./Hörschgen, H. (1997)

Marketing, 18., durchgesehene Aufl., Berlin 1997.

Nunnally, J. (1978)

Psychometric theory, 2. Aufl., New York 1978.

Oelsnitz, D. v. d. (1995)

Investitionsgüter als Markenartikel, in: Markenartikel, 57/1995, H. 6, S. 252-259.

Ogilvie, R. G. (1987)

Strategische Marketingplanung im Investitionsgüterbereich, Landsberg am Lech 1987.

o. V. (2007)

Brand: Trust-Studie „B2B-Marken in der Praxis" – B2B-Vertrieb „am Kunden vorbei", http://pressetext.de/news/080902007/brandtrust-studie-b2b-marken-in-der-praxis-b2b-vertrieb-am-kunden-vorbei/; Abruf am: 15.06.2009.

o. V. (2009)

Wo gehobelt wird, fällt KUKA auf, http://www.kuka-robotics.com/germany/de/pressevents/news/; Abruf am: 01.07.2009.

Pförtsch, W./Schmid, M. (2005)

B2B-Markenmanagement. Konzepte – Methoden – Fallbeispiele, München 2005.

Pepels, W. (2006)

Produktmanagement – Produktinnovation, Markenpolitik, Programmplanung, Prozessorganisation, 5., überarbeitete Auflage, München 2006.

Pepels, W. (2007)

Market Intelligence – Moderne Marktforschung für Praktiker: Auswahlverfahren, Datenerhebung, Datenauswertung, Praxisanwendungen und Marktprognose, Erlangen 2007.

Plinke, W. (1991)

Investitionsgütermarketing, in: Marketing ZFP, 13/1991, H. 3, S. 172-177.

Pohmer, D./Bea, F. X. (1977)

Produktion und Absatz, Göttingen 1977.

Pospeschill, M. (2006)

SPSS – Durchführung fortgeschrittener statistischer Analysen, 6., vollständig überarbeitete Aufl., RRZN-Handbuch, Universität Hannover.

Richter, H. P. (2001)

Investitionsgütermarketing – Business-to-Business-Marketing von Industrieunternehmen, München Wien 2001.

Richter, M. (2007)

Markenbedeutung und –management im Industriegüterbereich - Einflussfaktoren, Gestaltung, Erfolgsauswirkungen, Wiesbaden 2007

Robinson, P. J./Faris, C. W./Wind, Y. (1967)

Industrial Buying and creative Marketing, Boston 1967.

Rozin, R. (2004)

Editorial: Buyers in business-to-business branding, in: Journal of Brand Management, 2004, 11 Jg., H. 5, S. 344-345.

Sander, M. (1994)

Die Bestimmung und Steuerung des Wertes von Marken: eine Analyse aus Sicht des Markeninhabers, Heidelberg 1994.

Sattler, H./Völckner, F. (2007)

Markenpolitik, in: Diller, M./Köhler, R. (Hrsg.), 2., vollständig überarbeitete und erweiterte Auflage, Stuttgart 2007.

Schmidt, H. J. (2001)

Markenmanagement bei erklärungsbedürftigen Produkten, Wiesbaden 2001.

Schmiedeknecht, H. (1993)

Der deutsche Maschinenbau vor neuen Herausforderungen, in: Droege, W. (Hrsg.), Strategien für Investitionsgütermärkte: Antworten auf neue Herausforderungen, Landsberg/Lech 1993, S. 110-124.

Schneider, D. J. G. (2002)

Einführung in das Technologiemarketing, München 2002.

Schnell, R./Hill, P. B./Esser, E. (2005)

Methoden der empirischen Sozialforschung, 7., völlig überarbeitete und erweiterte Aufl., München 2005.

Schröder, J./Perrey, J. (2002b)

Lohnen sich Investitionen in die Marke? – Die Relevanz von Marken für die Kaufentscheidung in B2B-Märkten, MCM/McKinsey-Reihe zur Markenpolitik, Projektbericht Nr.3, Westfälische Wilhelms-Universität, Münster 2002.

Schröter, H. (1993)

Bedeutung von Marken im Investitionsgüterbereich: Konzepttransfer zwischen Konsumgüter- und Investitionsgütermarketing, in: Droege, W. (Hrsg.), Strategien für Investitionsgütermärkte: Antworten auf neue Herausforderungen, Landsberg/Lech 1993, S. 333-343.

Schweiger, A. (1995)

Die Marke im Investitionsgüterbereich, in: Werbeforschung und Praxis, 40/1995, H. 1, S. 15-17.

Seiwert, M./Thunig, C. (2004)

Wissen: Dossier – Maschinen- und Anlagenbau, in: Absatzwirtschaft, 2004, H. 11, S. 28-46.

Shipley, D./Howard, P. (1993)

Brand-Naming industrial products, in: Industrial Marketing Management, 22/1993, S. 59-66.

Simon, H.-J. (1994)

Die Marke ist die Botschaft – Markentechnik als Erfolgsweg für Unternehmer, Hamburg 1994.

Sitte, G. (2001)

Technology Branding – Strategische Markenpolitik für Investitionsgüter, Wiesbaden 2001.

Solomon, M. R. (2004)

Consumer behavior: buying, having and being, New Jersey 2004.

Soretz, C. (2002)

Marken und Image – Wie man mit integrierter Kommunikation Marken zum Unternehmenswert macht, in: VDMA Nachrichten 2002, Ausgabe 9, S. 26-27.

Steinmann, H. (1989)

Internationalisierung der mittelständischen Unternehmungen, in: Macharzina, K./Welge, M. K. (Hrsg.), Handwörterbuch Export und internationale Unternehmung, Stuttgart 1989, S. 1508-1520.

Steven, M. (2007)

Handbuch Produktion: Theorien – Management – Logistik – Controlling, Stuttgart 2007.

Strothmann, K.-H. (1986)

Image-Politik für innovative Technologien, in: Meynen GmbH (Hrsg.), Jahrbuch der Industriewerbung 1986, Wiesbaden 1986, S. 17-22.

Thomin, P. (2007)

Gute Marken – hohe Preisprämien, in: VDMA Nachrichten 2007, Ausgabe 11.

Thunig, C. (2003)

Lohnt sich die Markierung von Produkten?, in: Absatzwirtschaft, 11/2003.

Thurman, P. (1961)

Grundformen des Markenartikels – Versuch einer Typologie, Berlin 1961.

Trommsdorff, V. (2004a)

Konsumentenverhalten, 6., vollständig überarbeitete und erweiterte Auflage, Stuttgart 2004.

Trommsdorff, V. (2004b)

Verfahren der Markenbewertung, in: Bruhn, M. (Hrsg.), Handbuch Markenführung, Band 2, 2. Aufl., Wiesbaden 2004, S. 1851-1875.

Überla, K. (1971)

Faktorenanalyse, 2. Aufl., Berlin 1971.

VDMA (2008)

Statistisches Handbuch für den Maschinenbau, Ausgabe 2008, Frankfurt a. M. 2008.

VDMA (2009a)

Konjunkturbulletin, 3/2009, Frankfurt a. M. 2009.

VDMA (2009b)

Volkswirtschaft und Statistik - Maschinenbau in Zahl und Bild 2009, Frankfurt a. M. 2009.

Voeth, M./Rabe, C. (2004)

Industriegütermarken, in: Bruhn, M. (Hrsg.), Handbuch Markenführung - Kompendium zum erfolgreichen Markenmanagement, Band 1, 2., vollständig überarbeitete und erweiterte Auflage, Wiesbaden 2004, S. 75-94.

Waltert, M. J. (1999)

Markt- und Prozeßorientierung im industriellen Mittelstand, Wiesbaden 1999.

Webster, C. (1993)

Buyer involvement in purchasing process, in: Industrial Marketing management, 22/1993, S. 199-205.

Webster, F. E. Jr./Keller, K. L. (2004)

A roadmap for branding in industrial markets, in: Journal of Brand Management, 11/2004, S. 388-402.

Webster, F. E. Jr./Wind, Y. (1972)

Organizational Buying Behavior, New York 1972.

Weiber, R./Kapitza, R./Raff, T. (1998)

Wettbewerbsvorteile in der Werkzeugmaschinenindustrie durch effektives und effizientes Geschäftsbeziehungsmanagement, in: Büschken, J./Meyer, M./Weiber, R. (Hrsg.), Entwicklungen des Investitionsgütermarketing, Wiesbaden 1998.

Weinberg, P. (1981)

Das Entscheidungsverhalten der Konsumenten, Stuttgart 1981.

Weis, H. C./Steinmetz, P. (2000)

Marktforschung, in: Weis, H. C. (Hrsg.), Modernes Marketing für Studium und Praxis, 4., überarbeitete und aktualisierte Aufl., Ludwigshafen (Rhein) 2000.

Wiedmann, K.-P. (1994)

Markenpolitik und Corporate Identity, in: Bruhn, M. (Hrsg.), Hanbuch Markenführung – Anforderungen an die Markenpolitik aus Sicht von Wissenschaft und Praxis, Band 2, Stuttgart 1994, S. 1033-1054.

Wiedmann, K.-P. (2001)

Corporate Identity und Corporate Branding – Skizzen zu einem integrierten Managementkonzept, in: Thexis, 2001, H. 4, S. 17-22.

Wiedmann, K.-P. (2006)

Die Frage nach dem „guten Ruf" des Unternehmens – Ansatzpunkte zur Erfassung der Unternehmensreputation, Schriftenreihe Marketing Management, Hannover 2006.

Wiedmann, K.-P./Schmidt, H. (1997)

Markenmanagement erklärungsbedürftiger Produkte – Bezugsrahmen und erste Ergebnisse eines Forschungsprojekts, Schriftenreihe Marketing Management, Universität Hannover 1997.

Willhardt, R. (2008)

Marke schafft Sicherheit, in: Absatzwirtschaft, Sonderausgabe „Marken", 3/2008, S. 32-36.

Willrodt, K. (2004)

Markenkompetenz – Konzeption und empirische Analyse im Industriegüterbereich, Wiesbaden 2004.

Winterling, K. (1993)

Markenpolitik in der Investitionsgüterindustrie – Können Maschinen- und Anlagenbauer von Konsumgüterherstellern lernen?, in: Markenartikel, Nr. 2/93, S. 84-86.

Wolf, J. (2003)

Organisation, Management, Unternehmensführung, in: Theorien und Kritik, Wiesbaden 2003.

Zeplin, S. (2006)

Innengerichtetes identitätsbasiertes Markenmanagement, Wiesbaden 2006.

Anhangsverzeichnis

Anhang A: Stichprobenstruktur nach Fachzweigen

Verteilung der Unternehmen nach Fachbereichen		
Maschinenkomponenten und Werkzeuge	• Präzisionswerkzeuge (Metall)	7,5%
	• Maschinenteile	7,5%
	• Werkzeugmaschinen	8,8%
Aggregate und Baugruppen	• Pumpen	2,5%
	• Fördertechnik	7,5%
	• Antriebstechnik und Automatisierung	7,5%
	• Allgemeine Lufttechnik	3,8%
	• Armaturen	1,2%
Maschinen und Geräte	• Gummi- und Kunststofftechnik	6,2%
	• Verpackungsmaschinen	5%
	• Blech- und Glasbearbeitungsmaschinen	2,5%
	• Messtechnik	2,5%
	• Druck- und Papiertechnik	2,5%
	• Textil- und Holzbearbeitungsmaschinen	3,8%
	• Baumaschinen	2,5%
	• Landtechnik	1,2%
Sondermaschinen	• maschinenbauverwandte Erzeugnisse	7,5%
Anlagen und Systeme	• Systemtechnik	6,2%
	• Thermo-, Prozess- und Abfalltechnik	1,2%
	• Industrieöfen	1,2%
	• Eisenhütten- und Walzwerkanlagen	3,8%
	• Robotik und Automation	7,5%

Tab. : Häufigkeitsverteilung der Unternehmen nach Fachbereichen
Quelle: Eigene Darstellung

Anhang B: Fragebogen

MARKETING & MANAGEMENT
Institut > Prof. Dr. Klaus-Peter Wiedmann

Leibniz
Universität
Hannover

Wissenschaftliche Studie: Relevanz von Industrial Branding

Fragebogennummer: _____

Sehr geehrte Teilnehmer,

die Bedeutung von Marken wird auf Konsumgütermärkten inzwischen nahezu uneingeschränkt bejaht. Viele Unternehmen sehen im Markenmanagement einen zentralen Erfolgsfaktor. Im Gegensatz hierzu wird der **Marke im Industriegüterbereich** bis heute weitaus weniger Beachtung geschenkt. Dies wird u. a. auf die besonderen Merkmale der Industriegüterbranche zurückgeführt, wie z.B. eine höhere Rationalität im Zuge von Beschaffungsentscheidungen oder eine höhere Produktkomplexität.

Vor diesem Hintergrund führt das **Institut für Marketing und Management (M2) der Leibniz Universität Hannover** eine Studie zum Thema „Relevanz von Industrial Branding" durch.
Zielsetzung dieser Studie ist es zu untersuchen, ob Marken auf Industriegütermärkten, insbesondere auf dem Maschinenmarkt, generell von Bedeutung sind.

Bitte unterstützen Sie dieses Forschungsprojekt, indem Sie sich 10 bis 15 Minuten Zeit nehmen, den folgenden Fragebogen zu beantworten. Die erhobenen Daten werden selbstverständlich **anonym** behandelt und ausschließlich **zu wissenschaftlichen Zwecken** verwendet.

Wir danken Ihnen herzlich für Ihre Zeit und Unterstützung!

Prof. Dr. Klaus-Peter Wiedmann

M2 MARKETING & MANAGEMENT
Institut > Prof. Dr. Klaus-Peter Wiedmann

Leibniz
Universität
Hannover

Wissenschaftliche Studie: Relevanz von Industrial Branding   Fragebogennummer: _____

Fragebereich A: Markenrelevanz

In diesem Abschnitt möchten wir von Ihnen erfahren, welche Bedeutung die Marke für Ihr Unternehmen sowohl als Anbieter als auch Käufer von Investitionsgütern hat.

1) Geben Sie bitte in der nachfolgenden Tabelle Einschätzungen zu den Aussagen aus Ihrer Sicht ab.

		stimme gar nicht zu	stimme eher nicht zu	unent- schie- den	stimme eher zu	stimme voll und ganz zu
1.	Marken sind für uns ein wichtiges Thema.	☐	☐	☐	☐	☐
2.	Marken spielen in unserer Marktbearbeitung eine wesentliche Rolle.	☐	☐	☐	☐	☐
3.	Wir legen regelmäßig markenbezogene Ziele fest.	☐	☐	☐	☐	☐
4.	Wir formulieren markenbezogene Strategien.	☐	☐	☐	☐	☐
5.	Wir sammeln systematisch markenbezogene Informationen.	☐	☐	☐	☐	☐
6.	Der Einfluss, den die Marke auf die Kaufentscheidung hat, ist groß.	☐	☐	☐	☐	☐
7.	Es ist uns wichtig, Produkte von einem Markenanbieter zu beschaffen.	☐	☐	☐	☐	☐
8.	Wir achten beim Beschaffungsprozess bewusst auf Marken/Leistungen von Markenanbietern.	☐	☐	☐	☐	☐
9.	Wir kaufen lieber von Markenanbietern, auch wenn wir dafür einen höheren Preis zahlen.	☐	☐	☐	☐	☐

Fragebereich B: Produktmerkmale

In diesem Abschnitt möchten wir gerne erfahren, wie Sie die Produkte/Leistungen Ihres Unternehmens bezüglich ihrer Komplexität einschätzen.

1) Geben Sie bitte in der nachfolgenden Tabelle Einschätzungen zu den Aussagen aus der Sicht Ihrer Kunden ab.

	Aus Sicht unseres Kunden sind unsere Produkte...	stimme gar nicht zu	stimme eher nicht zu	unent- schie- den	stimme eher zu	stimme voll und ganz zu
10.	...eher komplex.	☐	☐	☐	☐	☐
11.	...schwierig zu erklären.	☐	☐	☐	☐	☐
12.	...technisch eher anspruchsvoll.	☐	☐	☐	☐	☐
13.	...schwer zu verstehen.	☐	☐	☐	☐	☐
14.	...kompliziert in der Anwendung.	☐	☐	☐	☐	☐
15.	...recht erklärungsbedürftig.	☐	☐	☐	☐	☐

Königsworther Platz 1, 30167 Hannover, Tel.: 0511/ 762-4862

Wissenschaftliche Studie: Relevanz von Industrial Branding   Fragebogennummer: _____

Fragebereich C: Wert des Produktes

In diesem Abschnitt möchten wir gerne ermitteln, welche Bedeutung bzw. welchen Wert Ihr Produkt für Ihre Kunden besitzt.

1) Geben Sie bitte in der nachfolgenden Tabelle Einschätzungen zu den Aussagen aus Ihrer Sicht ab.

	stimme gar nicht zu	stimme eher nicht zu	unent-schie-den	stimme eher zu	stimme voll und ganz zu
16. Unsere Produkte haben eine hohe Bedeutung für den Kunden.	☐	☐	☐	☐	☐
17. Die einzigartigen Bestandteile machen unsere Produkte besonders wertvoll.	☐	☐	☐	☐	☐
18. Die Kunden sind bereit für unsere Produkte einen hohen Preis zu zahlen.	☐	☐	☐	☐	☐

Fragebereich D: Öffentliche Wahrnehmung der Marke

In diesem Abschnitt möchten wir gerne von Ihnen wissen, wie die Marke Ihres Unternehmens (Corporate Brand) oder auch Ihrer Produkte in der Öffentlichkeit wahrgenommen wird.

1) Geben Sie bitte in der nachfolgenden Tabelle Einschätzungen zu den Aussagen aus Ihrer Sicht ab.

	stimme gar nicht zu	stimme eher nicht zu	unent-schie-den	stimme eher zu	stimme voll und ganz zu
19. Unsere Produkte tragen direkt sichtbare Markie-rungen wie z.B. typische Schriftzüge und/oder Farben.	☐	☐	☐	☐	☐
20. Die Markennamen unserer Produkte sind unseren Kunden bereits vor dem Kauf bekannt.	☐	☐	☐	☐	☐
21. Der Name unseres Unternehmens ist der breiten Öffentlichkeit bekannt.	☐	☐	☐	☐	☐
22. Unsere Stakeholder haben eine klare Vorstellung darüber, wofür unsere Unternehmensmarke steht.	☐	☐	☐	☐	☐
23. Unsere Unternehmensmarke transportiert viele positive Assoziationen über unser Unternehmen in die Öffentlichkeit.	☐	☐	☐	☐	☐

M2 MARKETING & MANAGEMENT
Institut > Prof. Dr. Klaus-Peter Wiedmann

Leibniz
Universität
Hannover

Wissenschaftliche Studie: Relevanz von Industrial Branding   Fragebogennummer: _____

Fragebereich E: Kaufprozess

In diesem Abschnitt möchten wir gerne von Ihnen erfahren, wie komplex der Kaufentscheidungsprozess bei Ihren Kunden verläuft und wie neuartig der Kauf Ihres Produktes für Ihre
Kunden ist.

1) Geben Sie bitte in der nachfolgenden Tabelle <u>Einschätzungen zu den Aussagen</u> aus
der Sicht Ihrer Kunden ab.

Der Kaufprozess unserer Kunden…	stimme gar nicht zu	stimme eher nicht zu	unent- schie- den	stimme eher zu	stimme voll und ganz zu
24. …ist recht komplex.	☐	☐	☐	☐	☐
25. …verläuft in mehreren Stufen.	☐	☐	☐	☐	☐
26. …ist ziemlich langwierig.	☐	☐	☐	☐	☐
27. …stellt eher eine problemlose Auftragsabwicklung dar.	☐	☐	☐	☐	☐

2) Wie schätzen Sie als Anbieter die Kaufsituation Ihrer Kunden ein?

Die typische Kaufsituation unserer Kunden ist…	stimme gar nicht zu	stimme eher nicht zu	unent- schieden	stimme eher zu	stimme voll und ganz zu
28. …ein Neukauf.	☐	☐	☐	☐	☐
29. …ein modifizierter Wiederholungskauf.	☐	☐	☐	☐	☐
30. …ein identischer Wiederholungskauf.	☐	☐	☐	☐	☐

Fragebereich F: Käufer bzw. Buying Center

In diesem Abschnitt möchten wir in Erfahrung bringen, wie unterschiedlich die Personen im Beschaffungsgremium Ihrer Kunden sind.

1) Geben Sie bitte in der nachfolgenden Tabelle <u>Einschätzungen zu den Aussagen</u> aus
der Sicht Ihrer Kunden ab.

Die an der Kaufentscheidung beteiligten Perso- nen…	stimme gar nicht zu	stimme eher nicht zu	unent- schie- den	stimme eher zu	stimme voll und ganz zu
31. …unterscheiden sich stark in Bezug auf ihren fachlichen Hintergrund.	☐	☐	☐	☐	☐
32. …haben häufig unterschiedliche Vorkenntnisse, was den Kauf unserer Produkte angeht.	☐	☐	☐	☐	☐
33. …verfolgen häufig unterschiedliche Interes- sen/Prioritäten mit dem Kauf unserer Produkte.	☐	☐	☐	☐	☐
34. …verfügen über unterschiedliche Erfahrung.	☐	☐	☐	☐	☐
35. …verfügen über ein unterschiedliches Ausmaß an Verantwortung bzgl. des Kaufs des Produktes.	☐	☐	☐	☐	☐

M2 | MARKETING & MANAGEMENT
Institut > Prof. Dr. Klaus-Peter Wiedmann

Wissenschaftliche Studie: Relevanz von Industrial Branding   Fragebogennummer: _____

2) Geben Sie bitte die Anzahl von Personen an, die üblicherweise an der Kaufentscheidung beteiligt sind.

36.		
	1 bis 2	☐
	2 bis 3	☐
	3 bis 5	☐
	5 bis 10	☐
	mehr als 10	☐

Fragebereich G: Internationalität

In diesem Abschnitt möchten wir gerne erfahren, wie international die Geschäftstätigkeit Ihres Unternehmens ist.

1) Geben Sie bitte in der nachfolgenden Tabelle <u>Einschätzungen zu den Aussagen</u> aus Ihrer Sicht ab.

	Die Produkte unseres Unternehmens…	stimme gar nicht zu	stimme eher nicht zu	unent-schie-den	stimme eher zu	stimme voll und ganz zu
37.	…werden weltweit nachgefragt.	☐	☐	☐	☐	☐
38.	…werden hauptsächlich im Inland verkauft.	☐	☐	☐	☐	☐
39.	…werden größtenteils nach Europa exportiert.	☐	☐	☐	☐	☐
40.	…sollen in Zukunft stärker international nachgefragt werden.	☐	☐	☐	☐	☐

Fragebereich H: Wettbewerbsintensität

In diesem Abschnitt möchten wir gerne von Ihnen wissen, wie Sie den Wettbewerb Ihrer Branche einschätzen.

1) Geben Sie bitte in der nachfolgenden Tabelle <u>Einschätzungen zu den Aussagen</u> aus Ihrer Sicht ab.

		stimme gar nicht zu	stimme eher nicht zu	unent-schie-den	stimme eher zu	stimme voll und ganz zu
41.	Der Wettbewerb in unserer Branche ist hart.	☐	☐	☐	☐	☐
42.	Man hört fast täglich von neuen Aktionen der Wettbewerber.	☐	☐	☐	☐	☐
43.	Unsere Branche ist durch intensiven Preiswettbewerb gekennzeichnet.	☐	☐	☐	☐	☐
44.	In unserer Branche finden häufig aggressive „Konkurrenzkämpfe" statt.	☐	☐	☐	☐	☐
45.	Der Wettbewerb wird sich in Zukunft verschärfen.	☐	☐	☐	☐	☐
46.	Wir haben viele internationale Wettbewerber.	☐	☐	☐	☐	☐

MARKETING & MANAGEMENT
Institut > Prof. Dr. Klaus-Peter Wiedmann

Leibniz
Universität
Hannover

Wissenschaftliche Studie: Relevanz von Industrial Branding

Fragebogennummer: _____

Fragebereich I: Technologische Produkthomogenität

In diesem Abschnitt möchten wir in Erfahrung bringen, wie Sie die technologische Produkt-gleichheit auf dem Absatzmarkt einschätzen.

1) Geben Sie bitte in der nachfolgenden Tabelle Einschätzungen zu den Aussagen aus Ihrer Sicht ab.

		stimme gar nicht zu	stimme eher nicht zu	unent-schie-den	stimme eher zu	stimme voll und ganz zu
47.	In unserer Branche ist es schwierig, sich über technische Produktmerkmale abzugrenzen.	☐	☐	☐	☐	☐
48.	Unsere Produkte unterscheiden sich von der Funktionalität her kaum von denen der Wettbe-werber.	☐	☐	☐	☐	☐
49.	Unsere Produkte und die der Wettbewerber haben nahezu den gleichen Kundennutzen.	☐	☐	☐	☐	☐
50.	Die Produkte gleichen sich technisch gesehen immer mehr an.	☐	☐	☐	☐	☐

Fragebereich J: Technologische Dynamik

In diesem Abschnitt möchten wir gerne von Ihnen wissen, wie Sie die technologische Dynamik auf dem Absatzmarkt einschätzen.

1) Geben Sie bitte in der nachfolgenden Tabelle Einschätzungen zu den Aussagen aus Ihrer Sicht ab.

		stimme gar nicht zu	stimme eher nicht zu	unent-schie-den	stimme eher zu	stimme voll und ganz zu
51.	Die Technologie in unserer Branche verändert sich schnell.	☐	☐	☐	☐	☐
52.	In unserer Branche herrscht ein hoher Innovati-onsdruck.	☐	☐	☐	☐	☐
53.	Aufgrund des technologischen Fortschritts gibt es in unserer Branche große Chancen.	☐	☐	☐	☐	☐
54.	Es ist schwer vorherzusagen, auf welchem Stand die Technologie in unserer Branche in 2 bis 3 Jah-ren sein wird.	☐	☐	☐	☐	☐

MARKETING & MANAGEMENT
Institut > Prof. Dr. Klaus-Peter Wiedmann

Leibniz
Universität
Hannover

Wissenschaftliche Studie: Relevanz von Industrial Branding   Fragebogennummer: _____

Fragebereich K: Angaben zu Ihrer Person und dem Unternehmen

Abschließend möchten wir Sie bitten, einige für die Auswertung wichtige Angaben zu machen.

Einige Fragen zu Ihrer Person

55. • **Welche Position nehmen Sie im Unternehmen ein?**

Geschäftsführung	☐
Mittleres Management	☐
Sachbearbeiter	☐
Sonstiges, und zwar: _____	☐

56. • **In welchem Funktionsbereich arbeiten Sie?**

Einkauf	☐	Marketing/Vertrieb	☐
Technik	☐	Produktion	☐
Service/Wartung	☐	Sonstiges: _____	☐

Angaben zum Unternehmen, für das Sie arbeiten

57. • **Anzahl der Mitarbeiter**

bis 49	☐	500 – 4.999	☐
50 - 499	☐	über 5.000	☐

58. • **Umsatz des Unternehmens in Euro**

bis zu 500.000	☐	50.000.000 – 99.999.999	☐
500.000 – 49.999.999	☐	ab 100.000.000	☐

• **Branche des Unternehmens, für das Sie arbeiten:** _____

59. • **Fachzweig des Unternehmens, für das Sie arbeiten:** _____

Vielen Dank für Ihre Zeit und Unterstützung, Sie haben uns sehr geholfen!

MARKETING & MANAGEMENT
Institut > Prof. Dr. Klaus-Peter Wiedmann

Wissenschaftliche Studie: Relevanz von Industrial Branding

Fragebogennummer: _____

Möchten Sie Informationen zu den Ergebnissen dieser Studie?

Falls Sie an Informationen zu den Ergebnissen dieser Befragung interessiert sind, benötigen wir einige persönliche Angaben von Ihnen auf der nächsten Seite.

Name: _____

Kontaktdaten (e-mail): _____

_____

Falls Sie den Fragebogen lieber zu einem späteren Zeitpunkt beantworten möchten, bitten wir Sie ihn dann an die folgende Adresse zu schicken oder zu faxen:

Irina Fix
Meyers Grund 13
31787 Hameln

Fax-Nr.: 0511/762-5245

Anhang C: Resultate der Faktorenanalyse

Internationalisierungsgrad				
	Bezeichnung der Indikatoren	Faktor-ladungen	Item-to-Total-Korrelation	Mittel-wert
Informationen zu den einzelnen Indikatoren	Die Produkte unseres Unternehmens…			
	… werden weltweit nachgefragt.	0,359	0,371	4,42
	… werden hauptsächlich im Inland verkauft.	0,375	0,107	2,58
	… werden größtenteils nach Europa exportiert.	0,559	- 0,633	3,05
	… sollen in Zukunft stärker international nachgefragt werden.	0,204	- 0,397	3,90
Informationen zum Faktor	Kaiser-Meyer-Olkin-Maß:	0,523		
	Cronbachsches Alpha:	- 0,057		
	Erklärte Varianz (in %):	41,790		

Tab. : Messung des Faktors „Internationalisierungsgrad"
Quelle: Eigene Darstellung

SPSS-Outputs zum Faktor "Markenrelevanz aus der Anbietersicht"

KMO- und Bartlett-Test		
Maß der Stichprobeneignung nach Kaiser-Meyer-Olkin.		,796
Bartlett-Test auf Sphärizität	Ungefähres Chi-Quadrat	263,585
	df	10
	Signifikanz nach Bartlett	,000

Erklärte Gesamtvarianz						
Kompo-	Anfängliche Eigenwerte			Summen von quadrierten Faktorladungen für Extraktion		
nente	Gesamt	% der Varianz	Kumulierte %	Gesamt	% der Varianz	Kumulierte %
1	3,495	69,896	69,896	3,495	69,896	69,896
2	,763	15,253	85,149			
3	,376	7,521	92,669			
4	,201	4,026	96,695			
5	,165	3,305	100,000			
Extraktionsmethode: Hauptkomponentenanalyse.						

Komponentenmatrix[a]	
	Komponente
	1
1.Marken sind für uns wichtiges Thema.	,812
2.Marken spielen in unserer Marktbearbeitung eine wesentliche Rolle.	,826
3.Wir legen regelmäßig markenbezogene Ziele fest.	,878
4.Wir formulieren markenbezogene Strategien.	,892
5.Wir sammeln systematisch markenbezogene Informationen.	,766
Extraktionsmethode: Hauptkomponentenanalyse.	
a. 1 Komponenten extrahiert	

Reliabilitätsstatistiken	
Cronbachs Alpha	Anzahl der Items
,887	5

Item-Skala-Statistiken				
	Skalenmittelwert, wenn Item weggelassen	Skalenvarianz, wenn Item weggelassen	Korrigierte Item-Skala-Korrelation	Cronbachs Alpha, wenn Item weggelassen
1.Marken sind für uns wichtiges Thema.	12,1852	17,528	,686	,876
2.Marken spielen in unserer Marktbearbeitung eine wesentliche Rolle.	12,4938	16,528	,694	,871
3.Wir legen regelmäßig markenbezogene Ziele fest.	13,4568	14,001	,819	,841
4.Wir formulieren markenbezogene Strategien.	13,3086	13,941	,826	,839
5.Wir sammeln systematisch markenbezogene Informationen.	13,3951	15,542	,651	,882

SPSS-Outputs zum Faktor "Markenrelevanz aus der Nachfragersicht"

KMO- und Bartlett-Test		
Maß der Stichprobeneignung nach Kaiser-Meyer-Olkin.		,783
Bartlett-Test auf Sphärizität	Ungefähres Chi-Quadrat	167,049
	df	6
	Signifikanz nach Bartlett	,000

Erklärte Gesamtvarianz						
Kompo-nente	Anfängliche Eigenwerte			Summen von quadrierten Faktorladungen für Extraktion		
	Gesamt	% der Varianz	Kumulierte %	Gesamt	% der Varianz	Kumulierte %
1	2,884	72,109	72,109	2,884	72,109	72,109
2	,564	14,104	86,213			
3	,354	8,856	95,069			
4	,197	4,931	100,000			
Extraktionsmethode: Hauptkomponentenanalyse.						

Komponentenmatrix[a]	
	Komponente
	1
6.Der Einfluss, den die Marke auf die Kaufentscheidung hat, ist groß.	,770
7.Es ist uns wichtig, Produkte von einem Markenanbieter zu beschaffen.	,877
8.Wir achten beim Beschaffungsprozess bewusst auf Marken/Leistungen von Markenanbietern.	,915
9.Wir kaufen lieber von Markenanbietern, auch wenn wir dafür einen höheren Preis zahlen.	,827
Extraktionsmethode: Hauptkomponentenanalyse.	
a. 1 Komponenten extrahiert	

Reliabilitätsstatistiken	
Cronbachs Alpha	Anzahl der Items
,871	4

Item-Skala-Statistiken				
	Skalenmittelwert, wenn Item weggelassen	Skalenvarianz, wenn Item weggelassen	Korrigierte Item-Skala-Korrelation	Cronbachs Alpha, wenn Item weggelassen
6.Der Einfluss, den die Marke auf die Kaufentscheidung hat, ist groß.	9,6875	7,433	,616	,877
7.Es ist uns wichtig, Produkte von einem Markenanbieter zu beschaffen.	9,8875	6,709	,790	,807
8.Wir achten beim Beschaffungsprozess bewusst auf Marken/Leistungen von Markenanbietern.	9,9500	6,757	,819	,797
9.Wir kaufen lieber von Markenanbietern, auch wenn wir dafür einen höheren Preis zahlen.	10,2625	7,133	,680	,852

SPSS-Outputs zum Faktor "Komplexität des Produkts"

KMO- und Bartlett-Test		
Maß der Stichprobeneignung nach Kaiser-Meyer-Olkin.		,819
Bartlett-Test auf Sphärizität	Ungefähres Chi-Quadrat	235,116
	df	15
	Signifikanz nach Bartlett	,000

Erklärte Gesamtvarianz						
Komponente	Anfängliche Eigenwerte			Summen von quadrierten Faktorladungen für Extraktion		
	Gesamt	% der Varianz	Kumulierte %	Gesamt	% der Varianz	Kumulierte %
1	3,669	61,157	61,157	3,669	61,157	61,157
2	,844	14,059	75,216			
3	,545	9,080	84,296			
4	,422	7,038	91,334			
5	,290	4,826	96,160			
6	,230	3,840	100,000			
Extraktionsmethode: Hauptkomponentenanalyse.						

Komponentenmatrix[a]	
	Komponente
	1
10.Unsere Produkte sind komplex.	,749
11. Unsere Produkte sind schwierig zu erklären.	,829
12.Unsere Produkte sind technisch eher anspruchsvoll.	,755
13.Unsere Produkte sind schwer zu verstehen.	,831
14.Unsere Produkte sind kompliziert in der Anwendung.	,826
15.Unsere Produkte sind recht erklärungsbedürftig.	,691
Extraktionsmethode: Hauptkomponentenanalyse.	
a. 1 Komponenten extrahiert	

Reliabilitätsstatistiken	
Cronbachs Alpha	Anzahl der Items
,872	6

Item-Skala-Statistiken				
	Skalenmittelwert, wenn Item weggelassen	Skalenvarianz, wenn Item weggelassen	Korrigierte Item-Skala-Korrelation	Cronbachs Alpha, wenn Item weggelassen
10.Unsere Produkte sind komplex.	17,3086	17,366	,625	,859
11. Unsere Produkte sind schwierig zu erklären.	17,8395	16,511	,734	,840
12.Unsere Produkte sind technisch eher anspruchsvoll.	17,0864	18,380	,643	,857
13.Unsere Produkte sind schwer zu verstehen.	18,3704	16,161	,740	,838
14.Unsere Produkte sind kompliziert in der Anwendung.	18,6049	15,792	,732	,840
15.Unsere Produkte sind recht erklärungsbedürftig.	17,5185	17,828	,580	,866

SPSS-Outputs zum Faktor "Wert des Produkts"

KMO- und Bartlett-Test		
Maß der Stichprobeneignung nach Kaiser-Meyer-Olkin.		,602
Bartlett-Test auf Sphärizität	Ungefähres Chi-Quadrat	23,103
	df	3
	Signifikanz nach Bartlett	,000

Erklärte Gesamtvarianz						
Kom-	Anfängliche Eigenwerte			Summen von quadrierten Faktorladungen für Extraktion		
ponente	Gesamt	% der Varianz	Kumulierte %	Gesamt	% der Varianz	Kumulierte %
1	1,635	54,498	54,498	1,635	54,498	54,498
2	,786	26,203	80,700			
3	,579	19,300	100,000			
Extraktionsmethode: Hauptkomponentenanalyse.						

Komponentenmatrix[a]	
	Komponente
	1
16.Unsere Produkte haben eine hohe Bedeutung für den Kunden.	,667
17.Die einzigartigen Bestandteile machen unsere Produkte besonders wertvoll.	,804
18.Die Kunden sind bereit für unsere Produkte einen hohen Preis zu zahlen.	,737
Extraktionsmethode: Hauptkomponentenanalyse.	
a. 1 Komponenten extrahiert	

Reliabilitätsstatistiken	
Cronbachs Alpha	Anzahl der Items
,575	3

Item-Skala-Statistiken				
	Skalenmittelwert, wenn Item weggelassen	Skalenvarianz, wenn Item weggelassen	Korrigierte Item-Skala-Korrelation	Cronbachs Alpha, wenn Item weggelassen
16.Unsere Produkte haben eine hohe Bedeutung für den Kunden.	7,3827	3,039	,330	,566
17.Die einzigartigen Bestandteile machen unsere Produkte besonders wertvoll.	7,9630	1,686	,466	,345
18.Die Kunden sind bereit für unsere Produkte einen hohen Preis zu zahlen.	8,0370	2,211	,402	,448

SPSS-Outputs zum Faktor "Wahrnehmung der Marke"

KMO- und Bartlett-Test		
Maß der Stichprobeneignung nach Kaiser-Meyer-Olkin.		,702
Bartlett-Test auf Sphärizität	Ungefähres Chi-Quadrat	112,491
	df	10
	Signifikanz nach Bartlett	,000

Erklärte Gesamtvarianz						
Kompo-	Anfängliche Eigenwerte			Summen von quadrierten Faktorladungen für Extraktion		
nente	Gesamt	% der Varianz	Kumulierte %	Gesamt	% der Varianz	Kumulierte %
1	2,660	53,204	53,204	2,660	53,204	53,204
2	,852	17,030	70,235			
3	,693	13,866	84,101			
4	,518	10,356	94,457			
5	,277	5,543	100,000			
Extraktionsmethode: Hauptkomponentenanalyse.						

Komponentenmatrix[a]	
	Komponente
	1
19.Unsere Produkte tragen direkt sichtbare Markierungen, wie z.B. typische Schriftzüge u./o. Farben.	,616
20.Die Markennamen unserer Produkte sind unseren Kunden bereits vor dem Kauf bekannt.	,636
21.Der Name unseres Unternehmens ist der breiten Öffentlichkeit bekannt.	,752
22.Unsere Stakeholder haben eine klare Vorstellung darüber, wofür unsere Unternehmensmarke steht.	,781
23.Unsere Unternehmensmarke transportiert viele positive Assoziationen in die Öffentlichkeit.	,837
Extraktionsmethode: Hauptkomponentenanalyse.	
a. 1 Komponenten extrahiert	

Reliabilitätsstatistiken	
Cronbachs Alpha	Anzahl der Items
,773	5

Item-Skala-Statistiken				
	Skalenmittelwert, wenn Item weggelassen	Skalenvarianz, wenn Item weggelassen	Korrigierte Item-Skala-Korrelation	Cronbachs Alpha, wenn Item weggelassen
19.Unsere Produkte tragen direkt sichtbare Markierungen, wie z.B. typische Schriftzüge u./o. Farben.	14,1519	11,925	,437	,768
20.Die Markennamen unserer Produkte sind unseren Kunden bereits vor dem Kauf bekannt.	14,3038	12,548	,464	,758
21.Der Name unseres Unternehmens ist der breiten Öffentlichkeit bekannt.	15,6329	10,235	,566	,728
22.Unsere Stakeholder haben eine klare Vorstellung darüber, wofür unsere Unternehmensmarke steht.	15,0253	11,204	,597	,715
23.Unsere Unternehmensmarke transportiert viele positive Assoziationen in die Öffentlichkeit.	15,0633	10,599	,688	,683

SPSS-Outputs zum Faktor "Beschaffungskomplexität"

KMO- und Bartlett-Test		
Maß der Stichprobeneignung nach Kaiser-Meyer-Olkin.		,717
Bartlett-Test auf Sphärizität	Ungefähres Chi-Quadrat	83,843
	df	3
	Signifikanz nach Bartlett	,000

Erklärte Gesamtvarianz						
Kompo-	Anfängliche Eigenwerte			Summen von quadrierten Faktorladungen für Extraktion		
nente	Gesamt	% der Varianz	Kumulierte %	Gesamt	% der Varianz	Kumulierte %
1	2,210	73,682	73,682	2,210	73,682	73,682
2	,428	14,253	87,935			
3	,362	12,065	100,000			
Extraktionsmethode: Hauptkomponentenanalyse.						

Komponentenmatrix[a]	
	Komponente
	1
24.Der Kaufprozess unserer Kunden ist recht komplex.	,846
25.Der Kaufprozess unserer Kunden verläuft in mehreren Stufen.	,872
26.Der Kaufprozess unserer Kunden ist ziemlich langwierig.	,857
Extraktionsmethode: Hauptkomponentenanalyse.	
a. 1 Komponenten extrahiert	

Reliabilitätsstatistiken	
Cronbachs Alpha	Anzahl der Items
,765	4

Item-Skala-Statistiken				
	Skalenmittelwert, wenn Item weggelassen	Skalenvarianz, wenn Item weggelassen	Korrigierte Item-Skala-Korrelation	Cronbachs Alpha, wenn Item weggelassen
24.Der Kaufprozess unserer Kunden ist recht komplex.	11,8272	3,770	,595	,693
25.Der Kaufprozess unserer Kunden verläuft in mehreren Stufen.	11,5679	4,073	,660	,672
26.Der Kaufprozess unserer Kunden ist ziemlich langwierig.	11,9506	3,373	,686	,638
27.Der Kaufprozess unserer Kunden stellt eher eine problemlose Auftragsabwicklung dar.	12,2099	4,318	,367	,816

Reliabilitätsstatistiken	
Cronbachs Alpha	Anzahl der Items
,816	3

Item-Skala-Statistiken				
	Skalenmittelwert, wenn Item weggelassen	Skalenvarianz, wenn Item weggelassen	Korrigierte Item-Skala-Korrelation	Cronbachs Alpha, wenn Item weggelassen
24.Der Kaufprozess unserer Kunden ist recht komplex.	8,1852	2,053	,653	,762
25.Der Kaufprozess unserer Kunden verläuft in mehreren Stufen.	7,9259	2,344	,703	,729
26.Der Kaufprozess unserer Kunden ist ziemlich langwierig.	8,3086	1,891	,669	,752

SPSS-Outputs zum Faktor "Heterogenität des Buying Centers"

KMO- und Bartlett-Test		
Maß der Stichprobeneignung nach Kaiser-Meyer-Olkin.		,752
Bartlett-Test auf Sphärizität	Ungefähres Chi-Quadrat	184,052
	df	10
	Signifikanz nach Bartlett	,000

Erklärte Gesamtvarianz						
Kompo-	Anfängliche Eigenwerte			Summen von quadrierten Faktorladungen für Extraktion		
nente	Gesamt	% der Varianz	Kumulierte %	Gesamt	% der Varianz	Kumulierte %
1	3,111	62,211	62,211	3,111	62,211	62,211
2	,759	15,183	77,394			
3	,569	11,378	88,772			
4	,367	7,337	96,109			
5	,195	3,891	100,000			
Extraktionsmethode: Hauptkomponentenanalyse.						

Komponentenmatrix[a]	
	Komponente
	1
31.Die Buying Center-Mitglieder unterscheiden sich stark in Bezug auf ihren fachlichen Hintergrund.	,805
32.Die Buying Center-Mitglieder haben unterschiedliche Vorkenntnisse, was den Kauf unserer Produkte angeht.	,849
33.Die Buying Center-Mitglieder verfolgen oft unterschiedliche Interessen mit dem Kauf der Produkte.	,737
34.Die Buying Center-Mitglieder verfügen über unterschiedliche Erfahrung.	,777
35.Die Buying Center-Mitglieder verfügen über ein unterschiedliches Ausmaß an Verantwortung.	,770
Extraktionsmethode: Hauptkomponentenanalyse.	
a. 1 Komponenten extrahiert	

Reliabilitätsstatistiken	
Cronbachs Alpha	Anzahl der Items
,844	5

Item-Skala-Statistiken

	Skalenmittelwert, wenn Item weggelassen	Skalenvarianz, wenn Item weggelassen	Korrigierte Item-Skala-Korrelation	Cronbachs Alpha, wenn Item wegge-lassen
31.Die Buying Center-Mitglieder unterscheiden sich stark in Bezug auf ihren fachlichen Hintergrund.	14,9268	9,550	,676	,805
32.Die Buying Center-Mitglieder haben unterschiedliche Vor-kenntnisse, was den Kauf unserer Produkte angeht.	14,7073	9,296	,740	,787
33.Die Buying Center-Mitglieder verfolgen oft unterschiedliche Interessen mit dem Kauf der Produkte.	15,1707	9,798	,588	,832
34.Die Buying Center-Mitglieder verfügen über unterschiedliche Erfahrung.	14,6463	10,849	,648	,817
35.Die Buying Center-Mitglieder verfügen über ein unterschiedli-ches Ausmaß an Verantwortung.	14,7439	10,267	,625	,819

SPSS-Outputs zum Faktor "Wettbewerbsintensität"

KMO- und Bartlett-Test		
Maß der Stichprobeneignung nach Kaiser-Meyer-Olkin.		,765
Bartlett-Test auf Sphärizität	Ungefähres Chi-Quadrat	132,125
	df	10
	Signifikanz nach Bartlett	,000

Erklärte Gesamtvarianz						
Kompo-nente	Anfängliche Eigenwerte			Summen von quadrierten Faktorladungen für Extraktion		
	Gesamt	% der Varianz	Kumulierte %	Gesamt	% der Varianz	Kumulierte %
1	2,834	56,676	56,676	2,834	56,676	56,676
2	,716	14,318	70,993			
3	,633	12,669	83,662			
4	,577	11,543	95,206			
5	,240	4,794	100,000			
Extraktionsmethode: Hauptkomponentenanalyse.						

Komponentenmatrix[a]	
	Komponente
	1
41.Der Wettbewerb in unserer Branche ist hart.	,716
42.Man hört fast täglich von neuen Aktionen der Wettbe-werber.	,680
43.Unsere Branche ist durch intensiven Preiswettbewerb gekennzeichnet.	,848
44.In unserer Branche finden häufig aggressive Konkurrenz-kämpfe statt.	,839
45.Der Wettbewerb wird sich in Zukunft verschärfen.	,660
Extraktionsmethode: Hauptkomponentenanalyse.	

Reliabilitätsstatistiken	
Cronbachs Alpha	Anzahl der Items
,782	6

Item-Skala-Statistiken				
	Skalenmittelwert, wenn Item weggelassen	Skalenvarianz, wenn Item weggelassen	Korrigierte Item-Skala-Korrelation	Cronbachs Alpha, wenn Item weggelassen
41.Der Wettbewerb in unserer Branche ist hart.	17,9625	13,176	,504	,758
42.Man hört fast täglich von neuen Aktionen der Wettbewerber.	19,3750	11,351	,567	,739
43.Unsere Branche ist durch intensiven Preiswettbewerb gekennzeichnet.	18,5250	11,392	,668	,715
44.In unserer Branche finden häufig aggressive Konkurrenzkämpfe statt.	18,7625	10,664	,642	,718
45.Der Wettbewerb wird sich in Zukunft verschärfen.	18,1250	12,668	,525	,752
46.Wir haben viele internationale Wettbewerber.	18,5625	12,502	,341	,802

Reliabilitätsstatistiken	
Cronbachs Alpha	Anzahl der Items
,802	5

Item-Skala-Statistiken				
	Skalenmittelwert, wenn Item weggelassen	Skalenvarianz, wenn Item weggelassen	Korrigierte Item-Skala-Korrelation	Cronbachs Alpha, wenn Item wegge-lassen
41.Der Wettbewerb in unserer Branche ist hart.	14,2625	9,386	,553	,778
42.Man hört fast täglich von neuen Aktionen der Wettbewer-ber.	15,6750	8,298	,508	,793
43.Unsere Branche ist durch intensiven Preiswettbewerb gekennzeichnet.	14,8250	7,842	,720	,722
44.In unserer Branche finden häufig aggressive Konkurrenz-kämpfe statt.	15,0625	7,173	,697	,727
45.Der Wettbewerb wird sich in Zukunft verschärfen.	14,4250	9,285	,492	,791

SPSS-Outputs zum Faktor "Technische Produkthomogenität"

KMO- und Bartlett-Test		
Maß der Stichprobeneignung nach Kaiser-Meyer-Olkin.		,777
Bartlett-Test auf Sphärizität	Ungefähres Chi-Quadrat	106,883
	df	6
	Signifikanz nach Bartlett	,000

Erklärte Gesamtvarianz						
Kompo-	Anfängliche Eigenwerte			Summen von quadrierten Faktorladungen für Extraktion		
nente	Gesamt	% der Varianz	Kumulierte %	Gesamt	% der Varianz	Kumulierte %
1	2,567	64,165	64,165	2,567	64,165	64,165
2	,620	15,498	79,663			
3	,465	11,636	91,299			
4	,348	8,701	100,000			
Extraktionsmethode: Hauptkomponentenanalyse.						

Komponentenmatrix[a]	
	Komponente
	1
47.In unserer Branche ist es schwierig, sich über technische Produktmerkmale abzugrenzen.	,737
48.Unsere Produkte unterscheiden sich von der funktionalität her kaum von denen der Wettbewerber.	,842
49.Unsere Produkte und die der Wettbewerber haben nahezu den gleichen Kundennutzen.	,813
50.Die Produkte gleichen sich technisch gesehen immer mehr an.	,808
Extraktionsmethode: Hauptkomponentenanalyse.	
a. 1 Komponenten extrahiert	

Reliabilitätsstatistiken	
Cronbachs Alpha	Anzahl der Items
,812	4

Item-Skala-Statistiken				
	Skalenmittelwert, wenn Item weggelassen	Skalenvarianz, wenn Item weggelassen	Korrigierte Item-Skala-Korrelation	Cronbachs Alpha, wenn Item wegge-lassen
47.In unserer Branche ist es schwierig, sich über technische Produktmerkmale abzugrenzen.	9,5976	6,392	,554	,800
48.Unsere Produkte unterschei-den sich von der funktionalität her kaum von denen der Wettbe-werber.	9,5000	6,056	,687	,737
49.Unsere Produkte und die der Wettbewerber haben nahezu den gleichen Kundennutzen.	9,2073	5,944	,643	,758
50.Die Produkte gleichen sich technisch gesehen immer mehr an.	9,3049	6,239	,641	,759

SPSS-Outputs zum Faktor "Technologische Dynamik"

KMO- und Bartlett-Test		
Maß der Stichprobeneignung nach Kaiser-Meyer-Olkin.		,665
Bartlett-Test auf Sphärizität	Ungefähres Chi-Quadrat	71,739
	df	3
	Signifikanz nach Bartlett	,000

Erklärte Gesamtvarianz						
Kompo-	Anfängliche Eigenwerte			Summen von quadrierten Faktorladungen für Extraktion		
nente	Gesamt	% der Varianz	Kumulierte %	Gesamt	% der Varianz	Kumulierte %
1	2,092	69,745	69,745	2,092	69,745	69,745
2	,567	18,905	88,650			
3	,341	11,350	100,000			
Extraktionsmethode: Hauptkomponentenanalyse.						

Komponentenmatrix[a]	
	Komponente
	1
51.Die Technologie in unserer Branche verändert sich schnell.	,818
52.In unserer Branche herrscht ein hoher Innovationsdruck.	,887
53.Aufgrund des technologischen Fortschritts gibt es in unserer Branche große Chancen.	,797
Extraktionsmethode: Hauptkomponentenanalyse.	
a. 1 Komponenten extrahiert	

Reliabilitätsstatistiken	
Cronbachs Alpha	Anzahl der Items
,738	4

Item-Skala-Statistiken				
	Skalenmittelwert, wenn Item weggelassen	Skalenvarianz, wenn Item weggelassen	Korrigierte Item-Skala-Korrelation	Cronbachs Alpha, wenn Item wegge-lassen
51.Die Technologie in unserer Branche verändert sich schnell.	10,1341	4,513	,615	,628
52.In unserer Branche herrscht ein hoher Innovationsdruck.	9,6341	4,432	,652	,606
53.Aufgrund des technologischen Fortschritts gibt es in unserer Branche große Chancen.	9,5976	4,811	,535	,676
54.Es ist schwer vorherzusagen, auf welchem Stand die Techno-logie in unserer Branche in 2 bis 3 Jahren sein wird.	10,1098	5,482	,339	,782

Reliabilitätsstatistiken	
Cronbachs Alpha	Anzahl der Items
,782	3

Item-Skala-Statistiken				
	Skalenmittelwert, wenn Item weggelassen	Skalenvarianz, wenn Item weggelassen	Korrigierte Item-Skala-Korrelation	Cronbachs Alpha, wenn Item wegge-lassen
51.Die Technologie in unserer Branche verändert sich schnell.	7,0854	2,746	,592	,735
52.In unserer Branche herrscht ein hoher Innovationsdruck.	6,5854	2,517	,708	,606
53.Aufgrund des technologischen Fortschritts gibt es in unserer Branche große Chancen.	6,5488	2,843	,564	,763

Anhang D: Resultate der linearen Regression

Modellzusammenfassung[b]					
Modell	R	R-Quadrat	Korrigiertes R-Quadrat	Standardfehler des Schätzers	Durbin-Watson-Statistik
1	,564[a]	,318	,200	,88357431	1,844

a. Einflußvariablen : (Konstante), Technologische Dynamik, Heterogenität des Buying Centers, Wahrnehmung der Marke, 28.Die Typische Kaufsituation unserer Kunden ist ein Neukauf., Technische Produkthomogenität, Komplexität des Produkts, Wettbewerbsintensität, 58.Umsatz des Unternehmens in Euro, Wert des Produkts, 36. Anzahl der Buying Center-Mitglieder., Beschaffungskomplexität, 57.Anzahl der Mitarbeiter

b. Abhängige Variable: Markenrelevanz N

Tab.: Modellzusammenfassung der MR_N-Regressionsfunktion
Quelle: Eigene Darstellung

ANOVA[b]						
Modell		Quadratsumme	df	Mittel der Quadrate	F	Signifikanz
1	Regression	25,131	12	2,094	2,683	,005[a]
	Residuen	53,869	69	,781		
	Gesamt	79,000	81			

a. Einflußvariablen : (Konstante), Technologische Dynamik, Heterogenität des Buying Centers, Wahrnehmung der Marke, 28.Die Typische Kaufsituation unserer Kunden ist ein Neukauf., Technische Produkthomogenität, Komplexität des Produkts, Wettbewerbsintensität, 58.Umsatz des Unternehmens in Euro, Wert des Produkts, 36. Anzahl der Buying Center-Mitglieder., Beschaffungskomplexität, 57.Anzahl der Mitarbeiter

b. Abhängige Variable: Markenrelevanz N

Tab.: ANOVA-Tabelle des MR_N-Regressionsmodells
Quelle: Eigene Darstellung

Koeffizienten[a]							
	Nicht standardisierte Koeffizienten		Standardisierte Koeffizienten			Kollinearitätsstatistik	
Modell	B	Standardfehler	Beta	T	Signifikanz	Toleranz	VIF
1 (Konstante)	-,134	,727		-,185	,854		
Komplexität des Produkts	,191	,129	,193	1,473	,145	,578	1,731
Wert des Produkts	**,201**	,119	**,203**	1,687	**,096**	**,681**	1,469
Wahrnehmung der Marke	**,294**	,111	**,294**	2,650	**,010**	**,804**	1,244
Beschaffungskomplexität	-,199	,125	-,201	-1,590	,116	,621	1,611
28.Die Typische Kaufsituation unserer Kunden ist ein Neukauf.	,146	,128	,126	1,147	,255	,813	1,230
Heterogenität des Buying Centers	,071	,117	,072	,608	,545	,701	1,427
36. Anzahl der Buying Center-Mitglieder.	-,113	,126	-,111	-,900	,371	,647	1,545
58.Umsatz des Unternehmens in Euro	,063	,173	,052	,361	,719	,483	2,069
57.Anzahl der Mitarbeiter	-,131	,185	-,104	-,708	,481	,456	2,194
Wettbewerbsintensität	**,274**	,109	**,274**	2,512	**,014**	**,828**	1,208
Technische Produkthomogenität	**,190**	,107	**,192**	1,776	**,080**	**,845**	1,183
Technologische Dynamik	,077	,115	,078	,672	,504	,730	1,369
a. Abhängige Variable: Markenrelevanz N							

Tab.: Geschätztes MR_N-Regressionsmodell
Quelle: Eigene Darstellung

Modellzusammenfassung[b]					
Modell	R	R-Quadrat	Korrigiertes R-Quadrat	Standardfehler des Schätzers	Durbin-Watson-Statistik
1	,661[a]	,437	,339	,80783789	2,197

a. Einflußvariablen : (Konstante), Technologische Dynamik, Heterogenität des Buying Centers, Wahrnehmung der Marke, 28.Die Typische Kaufsituation unserer Kunden ist ein Neukauf., Technische Produkthomogenität, Komplexität des Produkts, Wettbewerbsintensität, 58.Umsatz des Unternehmens in Euro, Wert des Produkts, 36. Anzahl der Buying Center-Mitglieder., Beschaffungskomplexität, 57.Anzahl der Mitarbeiter

b. Abhängige Variable: Markenrelevanz A

Tab.: Modellzusammenfassung der MR_A-Regressionsfunktion
Quelle: Eigene Darstellung

ANOVA[b]					
Modell		Quadratsumme	df	Mittel der Quadrate	F	Signifikanz
---	---	---	---	---	---	---
1	Regression	34,970	12	2,914	4,466	,000[a]
	Residuen	45,030	69	,653		
	Gesamt	80,000	81			

a. Einflußvariablen : (Konstante), Technologische Dynamik, Heterogenität des Buying Centers, Wahrnehmung der Marke, 28.Die Typische Kaufsituation unserer Kunden ist ein Neukauf., Technische Produkthomogenität, Komplexität des Produkts, Wettbewerbsintensität, 58.Umsatz des Unternehmens in Euro, Wert des Produkts, 36. Anzahl der Buying Center-Mitglieder., Beschaffungskomplexität, 57.Anzahl der Mitarbeiter

b. Abhängige Variable: Markenrelevanz A

Tab.: ANOVA-Tabelle des MR_A-Regressionsmodells
Quelle: Eigene Darstellung

Koeffizienten[a]							
	Nicht standardisierte Koeffizienten		Standardisierte Koeffizienten			Kollinearitätsstatistik	
Modell	B	Standardfehler	Beta	T	Signifikanz	Toleranz	VIF
1 (Konstante)	,128	,665		,193	,848		
Komplexität des Produkts	,145	,118	,145	1,223	,226	,578	1,731
Wert des Produkts	,221	,109	,222	2,031	,046	,681	1,469
Wahrnehmung der Marke	,383	,102	,380	3,769	,000	,804	1,244
Beschaffungskomplexität	-,217	,114	-,218	-1,900	,062	,621	1,611
28.Die Typische Kaufsituation unserer Kunden ist ein Neukauf.	-,131	,117	-,112	-1,119	,267	,813	1,230
Heterogenität des Buying Centers	,011	,107	,011	,099	,921	,701	1,427
36. Anzahl der Buying Center-Mitglieder.	-,117	,115	-,114	-1,017	,313	,647	1,545
58.Umsatz des Unternehmens in Euro	,240	,159	,196	1,512	,135	,483	2,069
57.Anzahl der Mitarbeiter	,028	,169	,023	,168	,867	,456	2,194
Wettbewerbsintensität	,224	,100	,223	2,248	,028	,828	1,208
Technische Produkthomogenität	-,024	,098	-,024	-,242	,809	,845	1,183
Technologische Dynamik	,125	,105	,126	1,194	,236	,730	1,369
a. Abhängige Variable: Markenrelevanz A							

Tab.: **Geschätztes MR_A-Regressionsmodell**
Quelle: Eigene Darstellung

Modellzusammenfassung[b]					
Modell	R	R-Quadrat	Korrigiertes R-Quadrat	Standardfehler des Schätzers	Durbin-Watson-Statistik
1	,661[a]	,437	,348	,80221167	2,202

a. Einflußvariablen : (Konstante), Technologische Dynamik, Heterogenität des Buying Centers, Wahrnehmung der Marke, 28.Die Typische Kaufsituation unserer Kunden ist ein Neukauf., Technische Produkthomogenität, Komplexität des Produkts, Wettbewerbsintensität, 58.Umsatz des Unternehmens in Euro, Wert des Produkts, 36. Anzahl der Buying Center-Mitglieder., Beschaffungskomplexität

b. Abhängige Variable: Markenrelevanz A

Tab.: Modellzusammenfassung der modifizierten MR_A-Regressionsfunktion
Quelle: Eigene Darstellung

ANOVA[b]						
Modell		Quadratsumme	df	Mittel der Quadrate	F	Signifikanz
1	Regression	34,952	11	3,177	4,937	,000[a]
	Residuen	45,048	70	,644		
	Gesamt	80,000	81			

a. Einflußvariablen : (Konstante), Technologische Dynamik, Heterogenität des Buying Centers, Wahrnehmung der Marke, 28.Die Typische Kaufsituation unserer Kunden ist ein Neukauf., Technische Produkthomogenität, Komplexität des Produkts, Wettbewerbsintensität, 58.Umsatz des Unternehmens in Euro, Wert des Produkts, 36. Anzahl der Buying Center-Mitglieder., Beschaffungskomplexität

b. Abhängige Variable: Markenrelevanz A

Tab.: ANOVA-Tabelle des modifizierten MR_A-Regressionsmodells
Quelle: Eigene Darstellung

Koeffizienten[a]							
	Nicht standardisierte Koeffizienten		Standardisierte Koeffizienten			Kollinearitätsstatistik	
Modell	B	Standardfehler	Beta	T	Signifikanz	Toleranz	VIF
1 (Konstante)	,162	,629		,258	,797		
Komplexität des Produkts	,149	,114	,150	1,308	,195	,612	1,635
Wert des Produkts	,219	,107	,220	2,040	,045	,692	1,446
Wahrnehmung der Marke	,384	,101	,381	3,815	,000	,807	1,239
Beschaffungskomplexität	-,220	,113	-,220	-1,951	,055	,631	1,586
28.Die Typische Kaufsituation unserer Kunden ist ein Neukauf.	-,133	,115	-,115	-1,165	,248	,831	1,203
Heterogenität des Buying Centers	,011	,106	,011	,099	,921	,701	1,427
36. Anzahl der Buying Center-Mitglieder.	-,119	,114	-,116	-1,041	,301	,651	1,535
58.Umsatz des Unternehmens in Euro	,257	,121	,211	2,129	,037	,823	1,215
Wettbewerbsintensität	,225	,099	,224	2,275	,026	,830	1,205
Technische Produkthomogenität	-,023	,097	-,024	-,241	,810	,845	1,183
Technologische Dynamik	,130	,101	,131	1,282	,204	,776	1,289
a. Abhängige Variable: Markenrelevanz A							

Tab.: Schätzung des modifizierten MR_A-Regressionsmodells
Quelle: Eigene Darstellung

Anhang E: Deskriptive Statistiken

59.Branchenspezifischer Fachbereich * 1.Marken sind für uns wichtiges Thema. Kreuztabelle							
			1.Marken sind für uns wichtiges Thema.				
			stimme eher nicht zu	un-entschie-den	stimme eher zu	stimme voll und ganz zu	Gesamt
59.Branchenspezifischer Fachbereich	Maschinenkomponenten und Werkzeuge	Anzahl	1	2	8	5	16
		% von 59.Branchenspezifischer Fachbereich	6,2%	12,5%	50,0%	31,2%	100,0%
	Aggregate und Baugruppen	Anzahl	2	1	6	8	17
		% von 59.Branchenspezifischer Fachbereich	11,8%	5,9%	35,3%	47,1%	100,0%
	Maschinen und Geräte	Anzahl	1	4	12	6	23
		% von 59.Branchenspezifischer Fachbereich	4,3%	17,4%	52,2%	26,1%	100,0%
	Sondermaschinen	Anzahl	0	1	4	1	6
		% von 59.Branchenspezifischer Fachbereich	,0%	16,7%	66,7%	16,7%	100,0%
	Anlagen und Systeme	Anzahl	3	3	5	7	18
		% von 59.Branchenspezifischer Fachbereich	16,7%	16,7%	27,8%	38,9%	100,0%
	Gesamt	Anzahl	7	11	35	27	80
		% von 59.Branchenspezifischer Fachbereich	8,8%	13,8%	43,8%	33,8%	100,0%

Tab. : Einschätzung der aktuellen Markenbedeutung im Maschinenbausektor
Quelle: Eigene Darstellung

3.Wir legen regelmäßig markenbezogene Ziele fest.					
		Häufigkeit	Prozent	Gültige Prozente	Kumulierte Prozente
Gültig	stimme gar nicht zu	17	20,7	21,0	21,0
	stimme eher nicht zu	21	25,6	25,9	46,9
	unentschieden	15	18,3	18,5	65,4
	stimme eher zu	21	25,6	25,9	91,4
	stimme voll und ganz zu	7	8,5	8,6	100,0
	Gesamt	81	98,8	100,0	
Fehlend	System	1	1,2		
Gesamt		82	100,0		

Tab. : Häufigkeitsverteilung des Indikators 3
Quelle: Eigene Darstellung

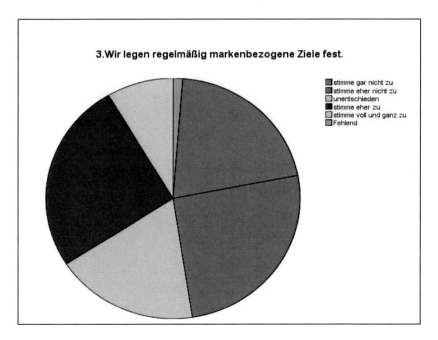

Abb : Häufigkeitsverteilung des Indikators 3
Quelle: Eigene Darstellung

4.Wir formulieren markenbezogene Strategien.				
		Häufigkeit	Prozent	Gültige Prozente	Kumulierte Prozente
Gültig	stimme gar nicht zu	13	15,9	15,9	15,9
	stimme eher nicht zu	23	28,0	28,0	43,9
	unentschieden	13	15,9	15,9	59,8
	stimme eher zu	23	28,0	28,0	87,8
	stimme voll und ganz zu	10	12,2	12,2	100,0
	Gesamt	82	100,0	100,0	

Tab. : Häufigkeitsverteilung des Indikators 4
Quelle: Eigene Darstellung

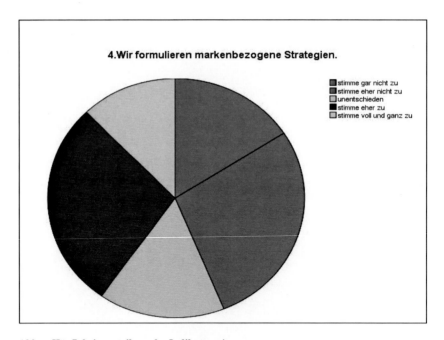

Abb. : Häufigkeitsverteilung des Indikators 4
Quelle: Eigene Darstellung

5.Wir sammeln systematisch markenbezogene Informationen.				
		Häufigkeit	Prozent	Gültige Prozente	Kumulierte Prozente
Gültig	stimme gar nicht zu	17	20,7	20,7	20,7
	stimme eher nicht zu	15	18,3	18,3	39,0
	unentschieden	21	25,6	25,6	64,6
	stimme eher zu	22	26,8	26,8	91,5
	stimme voll und ganz zu	7	8,5	8,5	100,0
	Gesamt	82	100,0	100,0	

Tab. : Häufigkeitsverteilung des Indikators 5
Quelle: Eigene Darstellung

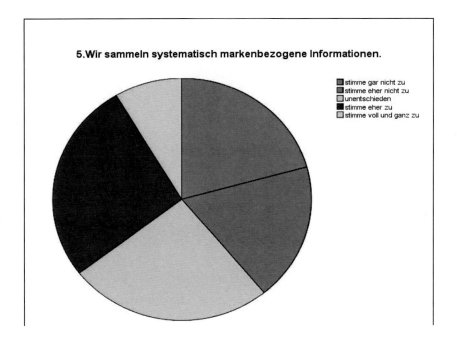

Abb. : Häufigkeitsverteilung des Indikators 5
Quelle: Eigene Darstellung